Le manuel de survie des auxiliaires de puériculture et des éducateurs de jeunes enfants

40, avenue Saint-Jacques – 91600 Savigny-sur-Orge

ISBN : 979-10-90398-71-9

Le manuel de survie des auxiliaires de puériculture et des éducateurs de jeunes enfants

Marine Albano, Béatrice Brison,
Coralie Nardeau, Grace Viellard

Préface

À l'heure où il est question d'un nouveau plan d'action pour la petite enfance, d'une rénovation de la formation, d'une refonte des diplômes des métiers du travail social, qu'en est-il aujourd'hui des préoccupations des professionnels de la petite enfance dans leurs divers lieux d'exercice ?

L'une d'entre elles repose sur le décalage grandissant entre les apports reçus en formation et les réels besoins sur « le terrain », quel qu'il soit. Pour y remédier, les professionnels n'ont souvent d'autres choix que de collaborer afin de s'apporter mutuellement des réponses.

C'est dans ce dessein que Béatrice Brison, auxiliaire de puériculture, crée une page Facebook® « Le cercle des auxiliaires de puériculture et des EJE » en janvier 2014. Le succès grandissant de cette page l'amène à s'entourer d'autres professionnelles, deux éducatrices de jeunes enfants et une auxiliaire de puériculture, afin de modérer et dynamiser cette page. Riches de leur formation et de leur parcours, elles partagent leurs idées, leurs envies, leurs expériences et leurs questionnements, avec « tous les professionnels de la petite enfance qui ont pour passion leur métier ». Celle-ci compte aujourd'hui plus de 55 000 membres.

À travers ce « manuel de survie », facilement transportable grâce à son petit format, chacune d'entre elles se propose de répondre aux questions les plus fréquemment posées par les professionnels de la petite enfance, tant au niveau législatif, pédagogique que pratique.

Christine Dain,
Éducatrice de jeunes enfants
et coordinatrice de l'ouvrage

Béatrice Brison

Inspirée par le travail d'assistante maternelle de sa mère, elle commence par travailler auprès de jeunes enfants, au sein d'une crèche et obtient le CAP petite enfance en 1997. Motivée, elle complète sa formation par celle d'auxiliaire de puériculture et exerce pendant sept ans dans une crèche associative, dans laquelle elle s'épanouit. Lors de cette expérience, elle apprécie particulièrement les réunions d'équipe régulières pour l'analyse de leurs pratiques, menées en collaboration avec une psychologue.

Depuis, les formations, rencontres et expériences au sein des structures dans lesquelles elle a travaillé enrichissent sa pratique auprès des jeunes enfants. Et c'est avec beaucoup de plaisir qu'elle partage avec eux son goût pour la musique, la peinture et la communication gestuelle.

Elle est à l'origine de la création de la page Facebook®, le 1er janvier 2014, et en assure la continuité avec l'aide de ses collègues.

Coralie Nardeau

Dès l'âge de 7 ans, elle pratique la gymnastique artistique – sa passion –, puis décide de devenir entraîneur à l'âge de 16 ans. Après diverses formations dans ce domaine, elle encadre des groupes d'enfants âgés de 2 à 11 ans. Cette expérience lui révèle son envie de travailler auprès d'enfants.

Grâce à l'obtention du Bafa (brevet d'aptitude aux fonctions d'animateur), elle acquiert une première habilité à accompagner des enfants. Toutes ces expériences lui donnent envie d'aller au plus loin dans la connaissance du jeune enfant, c'est pour cela qu'elle choisit le métier d'éducatrice de jeunes enfants. Une brève expérience en crèche parentale, une autre au sein d'une crèche associative privée, où exercent plusieurs EJE, et une troisième dans une mini-crèche en création l'enrichissent toujours plus.

Actuellement à Montréal, où elle vit et exerce en tant qu'EJE, elle apprend de nouvelles pratiques éducatives, dont les pédagogies actives, et les met en application dans ses différents lieux de travail. Elle a également suivi la formation Montessori module 1, pour les 0-3 ans.

Grace Viellard

Très jeune, elle souhaite travailler auprès des enfants et passe, à 17 ans, son Bafa, approfondissement « petite enfance ».

Elle poursuit son parcours professionnel par une formation d'auxiliaire de puériculture, en apprentissage. C'est avec passion qu'elle exerce aujourd'hui son métier au sein d'un multi-accueil municipal, avec un fonctionnement en sections d'âges mélangés.

Dans une perpétuelle recherche de perfectionnement, elle découvre la page Facebook® « Le cercle des auxiliaires de puériculture et des EJE » et postule à l'offre d'administratrice. Ravie d'avoir été retenue, elle participe à sa croissance, en collaboration avec Marine, dernière arrivée dans l'équipe.

Marine Albano

Avec pour objectif de travailler en foyer d'accueil du jeune enfant, elle entre en formation d'EJE en 2009. C'est pourtant lors d'un stage en institut médico-éducatif (IME) qu'elle découvre sa vocation : exercer auprès d'enfants en situation de handicap. Comme elle le dit souvent, c'est le monde du handicap qui l'a choisie.

Elle cherche à se spécialiser dans l'accompagnement de ces enfants et découvre, avec le temps, les problématiques liées au polyhandicap, à l'autisme, aux méthodes comportementales d'accompagnement telles qu'Aba, Teach, Pecs, Makaton. Dotée de cette soif de savoir et de transmettre, elle se propose comme quatrième administratrice de la page Facebook®. Par la suite, elle suggère à Coralie, Béatrice et Grace de créer un blog afin d'y publier leurs articles, expériences et idées. Ces deux outils lui plaisent énormément.

La législation

Suis-je autorisé à administrer des médicaments ?

Ces questions font toujours débat : avons-nous le droit d'administrer des médicaments aux enfants ? Les auxiliaires de puériculture auraient-ils plus le droit de le faire que les éducateurs de jeunes enfants ? Une circulaire pose le cadre, mais celle-ci reste cependant très controversée.

Extrait de la Circulaire DGS/DAS n° 99-320 du 4 juin 1999[1] :

« *Le Conseil d'État a estimé que la distribution de médicaments, lorsqu'elle correspondait à l'aide à la prise d'un médicament prescrit apportée à une personne empêchée temporairement ou durablement d'accomplir ce geste, ne relevait qu'exceptionnellement du champ d'application de l'article L372 ; les restrictions exceptionnelles évoquées par le Conseil d'État correspondant soit au mode d'administration (par exemple une injection), soit au médicament lui-même (nécessité d'une dose très précise de la forme administrable).*

1. *Cf.* site internet du Ministère des Affaires sociales et de la Santé : http://social-sante.gouv.fr/fichiers/bo/1999/99-25/a0251638.htm

La distinction ainsi établie repose, d'une part, sur les circonstances, d'autre part, sur le mode de prise et la nature du médicament. D'une manière générale, l'aide à la prise n'est pas un acte relevant de l'article L372, mais un acte de la vie courante, lorsque la prise du médicament est laissée par le médecin prescripteur à l'initiative d'une personne malade capable d'accomplir seule ce geste et lorsque le mode de prise, compte tenu de la nature du médicament, ne présente pas de difficultés particulières ni ne nécessite un apprentissage. Il apparaît ainsi que la distribution de médicaments dûment prescrits à des personnes empêchées temporairement ou durablement d'accomplir ce geste peut être dans ce cas assurée non seulement par l'infirmier, mais par toute personne chargée de l'aide aux actes de la vie courante, suffisamment informée des doses prescrites aux patients concernés et du moment de leur prise.

Inversement, lorsque la distribution du médicament ne peut s'analyser comme une aide à la prise apportée à une personne malade empêchée temporairement ou durablement d'accomplir certains gestes de la vie courante, elle relève de la compétence des auxiliaires médicaux habilités à cet effet, en application des dispositions de l'article L372. En ce qui concerne les infirmiers, ceux-ci seront compétents soit en vertu de leur rôle propre, soit en exécution d'une prescription médicale (art. 3 et 4 du décret n° 93-345 du 15 mars 1993 relatif aux actes professionnels et à l'exercice de la profession d'infirmier). Le libellé de la prescription médicale permettra, selon qu'il sera fait ou non référence à la nécessité de l'intervention d'auxiliaires médicaux, de distinguer s'il s'agit ou non d'actes de la vie courante. »

L'article L313-26[2] complète cette circulaire :

« *Au sein des établissements et services mentionnés à l'article L312-1, lorsque les personnes ne disposent pas d'une autonomie suffisante pour prendre seules le traitement prescrit par un médecin à l'exclusion de tout autre, l'aide à la prise de ce traitement constitue une modalité d'accompagnement de la personne dans les actes de sa vie courante.*

L'aide à la prise des médicaments peut, à ce titre, être assurée par toute personne chargée de l'aide aux actes de la vie courante dès lors que, compte tenu de la nature du médicament, le mode de prise ne présente ni difficulté d'administration ni d'apprentissage particulier.

Le libellé de la prescription médicale permet, selon qu'il est fait ou non référence à la nécessité de l'intervention d'auxiliaires médicaux, de distinguer s'il s'agit ou non d'un acte de la vie courante.

2. *Cf.* site internet *Legifrance*, service public de la diffusion du droit : https://www.legifrance.gouv.fr

Des protocoles de soins sont élaborés avec l'équipe soignante afin que les personnes chargées de l'aide à la prise des médicaments soient informées des doses prescrites et du moment de la prise. »

Avant de tenter de décrypter cette circulaire et l'article qui la complète[3], nous tenons à rappeler qu'en tant qu'auxiliaires de puériculture et éducateurs de jeunes enfants, nous travaillons souvent dans des structures accueillant des jeunes enfants ou enfants en situation de handicap.

Or, dans le décret **du 1er août 2000 relatif aux établissements et services d'accueil des enfants de moins de 6 ans et modifiant le code de la Santé publique, se trouve l'article R180-1[4] dans lequel est précisé ce qui suit :**

« *Les établissements et les services d'accueil veillent à la santé, à la sécurité et au bien-être des enfants qui leur sont confiés, ainsi qu'à leur développement. Ils concourent à l'intégration sociale de ceux de ces enfants ayant un handicap ou atteints d'une maladie chronique. Ils apportent leur aide aux parents afin que ceux-ci puissent concilier leur vie professionnelle et leur vie familiale.*

Ils comprennent les établissements assurant l'accueil collectif non permanent d'enfants et les services assurant l'accueil familial

3. *Cf.* blog juridique de Pierre-Brice Lebrun, professeur de droit dans le secteur social, sanitaire et médico-social et professeur de droit pénal et de procédure pénale : http://blog.profdedroit.com/pages/medicaments
4. *Cf.* site internet *Legifrance*, adresse citée.

non permanent d'enfants au domicile d'assistantes maternelle ». Cet article nous montre donc qu'il est de notre devoir de prendre le relais des familles, mais nous devons, cependant, agir de façon appropriée et cadrée.

Que signifie « *[…] l'aide à la prise n'est pas un acte relevant de l'article L372, mais un acte de la vie courante, lorsque la prise du médicament est laissée par le médecin prescripteur à l'initiative d'une personne malade capable d'accomplir seule ce geste* […] » ?

Cela indique que la personne est capable de prendre son traitement toute seule. Notre rôle à nous se limite à lui rappeler l'heure de la prise et la posologie, à lui apporter un verre d'eau, à être garant de la bonne conservation du médicament... Il n'est, en aucun cas, question de lui administrer le traitement. De plus, il est bien précisé que le traitement doit être prescrit par un médecin, l'automédication est, de ce fait, exclue, y compris l'administration de paracétamol, en cas de fièvre. Si nous nous conformons à cette définition, il nous est donc impossible d'aider les enfants accueillis en collectivité à prendre leur traitement, puisqu'ils ne sont pas en mesure de le prendre seuls, sans l'intervention d'un adulte qui leur mette le médicament dans la bouche. Et les auxiliaires de puériculture ou éducateurs de jeunes enfants n'étant pas considérés comme des professionnels de santé, selon la définition de l'article L372, ils ne peuvent pas légalement administrer un médicament à un enfant. Seuls le médecin et la puéricultrice, si toutefois la structure est composée d'une équipe médicale, sont habilités à le faire.

Néanmoins, l'article L313-26[5] qui complète la circulaire DGS/DAS n° 99-320 datée du 4 juin 1999, apporte une nuance avec cet extrait : « [...] *lorsque les personnes ne disposent pas d'une autonomie suffisante pour prendre seules le traitement prescrit par un médecin à l'exclusion de tout autre, l'aide à la prise de ce traitement constitue une modalité d'accompagnement de la personne dans les actes de sa vie courante* [...] ». Le terme « *autonomie* » fait toute la différence. En effet, nous pouvons dire que l'enfant n'est pas assez autonome pour prendre seul ses médicaments, il ne rentre plus dans la catégorie « *personne empêchée temporairement ou durablement d'accomplir ce geste* ».

Les deux textes de loi – article L313-26 et DGS/DAS n° 99-320 du 4 juin 1999 – précisent que « *le libellé de la prescription médicale permet, selon qu'il est fait ou non référence à la nécessité de l'intervention d'auxiliaires médicaux, de distinguer s'il s'agit ou non d'un acte de la vie courante* ». Les seules professions considérées comme auxiliaires médicaux travaillant auprès des enfants sont l'auxiliaire de puériculture et l'infirmier. L'éduca-

5. *Cf.* site internet *Legifrance*, adresse citée.

teur de jeunes enfants n'est donc absolument pas autorisé à être dans l'accompagnement de gestes de la vie courante.

Pour conclure, il est important de savoir qu'aucun protocole médical, aucune autorisation ou décharge de la part des parents, du médecin ou de notre hiérarchie ne nous protège en cas de réactions allergiques ou toute autre réaction que pourrait avoir l'enfant. Chaque professionnel est donc responsable personnellement, civilement et pénalement de ses actes.

Congé maternité, paternité, parental : quels sont mes droits ?

Pour répondre à ces questions, nous nous baserons sur le code du Travail. Il est, cependant, à noter que les conventions collectives[6] offrent plus d'avantages[7].

Le congé maternité

Le congé maternité ouvre droit à un congé avant l'accouchement (congé prénatal) et après la naissance de l'enfant (congé postnatal). Toutefois, celui-ci varie selon le nombre d'enfants attendus ou le nombre d'enfants qui composent déjà le foyer.

6. *Cf.* définition de « convention collective » sur le site officiel de l'Administration française : https://www.service-public.fr/particuliers/vosdroits/F78
7. *Cf.* fiches rédigées par des journalistes spécialisés, en collaboration avec des professionnels du droit et accessibles sur le site Internet Droit-finances.net : http://droit-financescommentcamarche.net/contents/1457-le-conge-maternite-calcul-et-duree

Voici le tableau officiel édité à ce jour par le code de la Sécurité sociale et le code du Travail[8], en ce qui concerne la durée du congé maternité :

Situation familiale	Durée du congé prénatal	Durée du congé postnatal
Vous attendez un 1er ou 2e enfant	6 semaines	10 semaines
Vous attendez un 3e enfant ou plus	8 semaines	18 semaines
Vous attendez des jumeaux	12 semaines	22 semaines
Vous attendez des triplés ou plus	24 semaines	22 semaines

Il est possible d'avancer ou de reporter son congé prénatal. Les conditions pour avancer son congé prénatal est d'avoir déjà au moins deux enfants à charge, d'avoir mis au monde deux enfants viables ou d'être enceinte de jumeaux. Dans les deux premiers cas de figure, vous pouvez avancer votre congé de deux semaines ; dans le troisième, vous pouvez l'avancer de quatre semaines. Néanmoins, cela revient à réduire votre congé postnatal de cette même durée.

8. *Cf.* site Internet de l'Assurance Maladie : http://www.ameli.fr/assures/droits-et-demarches/par-situation-personnelle/vous-allez-avoir-un-enfant/vous-etes-enceinte-votre-conge-maternite/duree-du-conge-maternite.php

Si votre grossesse se passe bien, il vous est autorisé de reporter votre congé prénatal de trois semaines maximum et en accord avec votre médecin. Cela vous permet de rallonger, de la même durée, votre congé postnatal.

Le code du Travail n'ouvre pas droit à un allongement de la durée du congé postnatal si vous allaitez votre enfant.

Le congé paternité

Tout homme a le droit de prendre ce congé, s'il est le père de l'enfant ou si c'est celui de sa conjointe ou partenaire du Pacte civil de solidarité (Pacs) ou bien celui de la personne avec laquelle il vit maritalement. Ce droit s'élève à onze jours consécutifs (samedi, dimanche et jours fériés compris) pour la naissance d'un enfant et à dix-huit jours consécutifs pour une naissance multiple. Ce congé s'ajoute aux trois jours d'absence autorisés, au moment de la naissance, et peut être pris immédiatement ou dans un délai de quatre mois maximum, après la naissance de l'enfant. Ces jours ne peuvent être fractionnés, mais il est tout à fait possible d'en réduire la durée.

Le congé parental ou prestation partagée d'éducation (PreParE) de l'enfant depuis janvier 2015

Homme ou femme, parent naturel ou adoptif, tout salarié peut bénéficier d'un congé parental, s'il justifie de un an d'ancienneté dans l'entreprise, à la date de la naissance de l'enfant ou, en cas d'adoption, de son arrivée au foyer (avant l'âge de 16 ans).

Vous pouvez prendre soit un congé parental total – cela signifie que votre contrat de travail est suspendu – soit un congé parental partiel, auquel cas il s'agit d'un temps de travail réduit – qui ne peut être inférieur à seize heures par semaine – et dont l'organisation est décidée en accord avec l'employeur.

La prestation partagée d'éducation a une durée initiale de un an, au maximum, pour la naissance du premier enfant. Toutefois, si vous souhaitez percevoir les prestations sociales pendant toute cette durée, il vous faudra partager à deux ce congé. En effet, la réforme de 2015 valorise l'égalité homme/femme : chacun des deux parents a le droit de percevoir la prestation sociale de la Caisse d'allocations familiales (Caf), pendant six mois. Il est impossible que l'un prenne huit mois et l'autre quatre mois, même si cette durée n'excède pas un an : chaque parent n'a pas le droit à plus de six mois.

À la naissance du deuxième enfant, la prestation partagée d'éducation s'allonge à trois ans (un an renouvelable deux

fois). Mais, là encore, si vous souhaitez percevoir les prestations sociales pendant toute la durée du congé, il vous faudra vous le partager comme suit : deux ans, au maximum, pour l'un et un an pour l'autre. Toutefois, les deux parents peuvent se le partager comme bon leur semble comme par exemple dix-huit mois chacun, ou vingt mois pour l'un et seize mois pour l'autre. La seule règle est qu'un parent ne peut excéder vingt-quatre mois.

Si vous donnez naissance à des triplés (ou plus), vous avez droit à un versement de la prestation sociale pendant quatre ans. Mais il vous faudra, pour ce cas de figure aussi, vous partager ce congé : quatre ans maximum pour l'un des parents et le reste pour l'autre.

En cas d'adoption, le congé ne peut dépasser :

– une durée de trois ans, si l'enfant est âgé de moins de 3 ans à son arrivée au foyer ;

– une durée de un an, si l'enfant est âgé de plus de 3 ans et qu'il n'a pas encore atteint l'âge de 16 ans révolus.

En cas de maladie, d'accident ou de handicap graves de l'enfant, la durée du congé parental ou de la période d'activité à temps partiel peut être prolongée de un an.

À chaque renouvellement, le salarié peut transformer son congé parental en activité à temps partiel ou son activité à temps partiel en congé parental.

Suis-je tenu au secret professionnel ?

Qu'est-ce que le secret professionnel ?

Le secret professionnel est le devoir qui incombe à un professionnel de ne pas divulguer les informations confidentielles qu'un client, patient ou usager a partagé avec lui.

Cependant, nous ne pouvons pas nous auto-attribuer le secret professionnel. Il existe des textes prévoyant explicitement les professions soumises au secret.

Un des articles de loi qui régit le secret professionnel est l'article 226-13 du code pénal[9]. Que dit ce texte ?

« *La révélation d'une information à caractère secret par une personne qui en*

9. *Cf.* site Internet de Laurent Puech, assistant social et formateur spécialisé sur les thèmes « Responsabilité et secret professionnel » : http://secretpro.fr/secret-professionnel/fiches-par-theme/qui-est-soumis-au-secret

est dépositaire soit par état ou par profession, soit en raison d'une fonction ou d'une mission temporaire, est punie d'un an d'emprisonnement et de 15 000 euros d'amende[10]. »

Décryptage

Que signifie « […] *dépositaire soit par état ou par profession* […] » ? Les personnes concernées, du fait de leur état, sont les ministres des Cultes tels que les pasteurs, rabbins, imams et curés. Celles concernées, du fait de leur profession, sont les professionnels pour lesquels un décret ou un arrêté mentionne leur soumission au secret professionnel, à savoir :

- les assistants de service social ;
- les infirmiers et puéricultrices diplômés d'État ;
- les sages-femmes ;
- les médecins ;
- les pharmaciens ;
- les avocats, policiers et gendarmes.

Comment comprendre la phrase : « […] *soit en raison d'une fonction ou d'une mission temporaire* […] » ? Il s'agit ici de métiers, tâches spécifiques ou même de lieux pour lesquels un texte juridique prévoit de soumettre au secret professionnel

10. *Cf.* site Internet *Legifrance*, service public de la diffusion du droit : https://www.legifrance.gouv.fr

ceux qui en ont la responsabilité ainsi que ceux qui travaillent à leurs côtés.

Quels secteurs soumettent les professionnels qui y travaillent au secret ? Afin de réduire la liste, citons les lieux qui peuvent concerner les EJE et auxiliaires de puériculture :

- la mission d'Aide sociale à l'enfance (Ase), selon l'article L221-6 du code de l'Action sociale et des familles[11] ;
- la mission de Protection maternelle et infantile (PMI), selon l'article L2112-9 du code de la Santé publique[12] ;
- le personnel du Centre d'hébergement et de réinsertion sociale (CHRS), selon l'article L345-1 du code de l'Action sociale et des familles[13] ;
- les personnes intervenant dans l'instruction, l'évaluation et l'orientation d'une demande **Services intégrés de l'accueil et de l'orientation (SIAO,** qui prennent **en charge les personnes sans abri ou mal logées)**, selon l'article L345-2-10 du code de l'Action sociale et des familles[14] ;

11. *Ibid.*
12. *Ibid.*
13. *Ibid.*
14. *Ibid.*

- le personnel participant à un service de soins (hôpital, centre d'addictologie, etc.), selon l'article L1110-4 du code de la Santé publique[15] ;
- les professionnels du Service national d'accueil téléphonique pour l'enfance en danger (Snated), selon l'article 226-9 du code de l'Action sociale et des familles[16] ;
- le personnel de la Protection judiciaire de la jeunesse (PJJ), selon l'article 5 du décret n° 2013-977 du 30 octobre 2013 modifiant le décret n° 2007-1573 du 6 novembre 2007 relatif aux établissements et services du secteur public de la protection judiciaire de la jeunesse[17] ;
- les membres des Centres communaux et intercommunaux d'action sociale (CCAS et CIAS) intervenant dans l'instruction, l'attribution et la révision des admissions à l'aide sociale, ainsi que toute personne dont ces établissements utilisent le concours, selon l'article L133-5 du code de l'Action sociale et des familles[18].

L'auxiliaire de puériculture et l'éducateur de jeunes enfants ne sont donc pas, de par leur statut professionnel, soumis au secret. Toutefois, un éducateur de jeunes enfants qui travaillerait pour l'Ase ou un auxiliaire de puériculture pour la

15. *Ibid.*
16. *Ibid.*
17. *Ibid.*
18. *Ibid.*

PMI serait astreint au secret professionnel, de par sa mission. Cependant, même si dans le cadre de notre profession, nous ne sommes pas tenu(e)s, selon la loi, au secret professionnel, il nous faut toujours faire preuve de discrétion quant aux différentes situations portées à notre connaissance.

Taux d'occupation et taux d'encadrement : que dit la loi ?

Certaines questions reviennent régulièrement. Faisons la lumière sur celles-ci à l'aide des trois décrets relatifs aux établissements et services d'accueil des enfants de moins de 6 ans.

Je suis EJE, ai-je le droit d'ouvrir ou de fermer la crèche seul(e) ?

Décret 2010, Art. R2324-43-1[19] *: « Pour des raisons de sécurité, l'effectif du personnel encadrant directement les enfants ne peut pas être inférieur à deux, dont, pour les établissements et services d'une capacité supérieure à vingt places, au moins un des professionnels mentionnés au 1° de l'article R2324-42. »*

Art. R2324-42[20] *: « Le personnel chargé de l'encadrement des enfants est constitué :*

1° Pour quarante pour cent au moins de l'effectif, des puéricultrices diplômées d'État, des éducateurs de jeunes enfants

19. *Cf.* site Internet *Legifrance*, service public de la diffusion du droit : https://www.legifrance.gouv.fr/eli/decret/2010/6/7/MTSA1014681D/jo/texte
20. *Ibid.* : https://www.legifrance.gouv.fr

diplômés d'État, des auxiliaires de puériculture diplômés, des infirmiers diplômés d'État ou des psychomotriciens diplômés d'État ;

2° Pour soixante pour cent au plus de l'effectif, des titulaires ayant une qualification définie par arrêté du ministre chargé de la famille, qui doivent justifier d'une expérience ou bénéficier d'un accompagnement définis par le même arrêté. »

Puis-je rester seul(e) avec un groupe de dix enfants qui marchent ?

Décret 2000, Art. R180-22[21] *: « L'effectif du personnel placé auprès des enfants est d'un professionnel pour cinq enfants qui ne marchent pas et d'un professionnel pour huit enfants qui marchent. »*

Si ma structure a un agrément pour vingt berceaux, combien peut-elle accueillir d'enfants en plus, exceptionnellement ?

Décret 2010, Art. R2324-27[22] *: « Sous réserve du respect des dispositions du premier alinéa de l'article R2324-17 et de l'article R2324-43 et à condition que la moyenne hebdomadaire du taux*

21. *Ibid.* : https://www.legifrance.gouv.fr/affichTexte.do?cidTexte=JORFTEXT000000218271&categorieLien=id
22. *Ibid.* : https://www.legifrance.gouv.fr

d'occupation n'excède pas cent pour cent de la capacité d'accueil prévue par l'autorisation du président du conseil général ou figurant dans la demande d'avis qui lui a été adressée, des enfants peuvent être accueillis en surnombre certains jours de la semaine, dans le respect des limites suivantes :

1° Dix pour cent de la capacité d'accueil pour les établissements ou services d'une capacité inférieure ou égale à vingt places ;

2° Quinze pour cent de la capacité d'accueil pour les établissements ou services d'une capacité comprise entre vingt et une et quarante places ;

3° Vingt pour cent de la capacité d'accueil pour les établissements ou services d'une capacité supérieure ou égale à quarante et une places. »

En tant qu'EJE, ai-je le droit de prendre un poste de direction d'une structure ayant un agrément pour vingt berceaux ?

Décret 2010, Art. R2324-35[23] *: « La direction d'un établissement ou d'un service d'accueil d'une capacité inférieure ou égale à quarante places peut être confiée soit à une puéricultrice diplômée d'État justifiant de trois ans d'expérience professionnelle,*

23. *Ibid.*

soit à un éducateur de jeunes enfants diplômé d'État justifiant de trois ans d'expérience professionnelle, sous réserve qu'il s'adjoigne le concours, dans les conditions définies par l'article R2324-40-1, d'une puéricultrice diplômée d'État ou, à défaut, d'un infirmier ou d'une infirmière diplômé d'État justifiant au moins d'une année d'expérience professionnelle auprès de jeunes enfants. »

Les micro-crèches ne fonctionnent-elles pas de la même façon que les structures d'accueil collectif ?

Décret 2007, Art. R2324-47[24] *:*

« […] En outre, à titre expérimental, il peut être créé, dans les conditions énoncées à l'article R2324-46-2, un établissement accueillant simultanément neuf enfants au maximum, dérogeant aux dispositions des 1° et 2° de l'article R2324-30, des articles R2324-38 à R2324-41, de l'article R2324-42, ainsi qu'à l'obligation de désignation d'un directeur et aux exigences relatives à la qualification des personnes chargées de l'encadrement des enfants. Le gestionnaire de l'établissement désigne une personne physique, distincte de celle accueillant les enfants, qui assure le suivi technique de l'établissement et l'élaboration et le suivi de la mise en œuvre du projet d'accueil. Si cette personne n'est pas titulaire d'une qualification mentionnée aux articles R2324-34,

---

24. *Ibid.*

R2324-35 ou R2324-46, le gestionnaire s'assure du concours d'une personne répondant à l'une de ces qualifications. Les personnes accueillant les enfants dans ces établissements justifient d'une certification au moins de niveau V, enregistrée au répertoire national de certifications professionnelles prévu à l'article L335-6 du code de l'Éducation, attestant de compétences dans le champ de l'accueil des jeunes enfants et de deux années d'expérience professionnelle, ou d'une expérience professionnelle de cinq ans comme assistant maternel agréé. Deux personnes répondant à ces exigences sont présentes à tout moment lorsque le nombre d'enfants présents est supérieur à trois. […] »

Quels sont mes droits concernant ma pause ?

La pause au travail, qu'est-ce que c'est ?

Le temps de pause est une période durant laquelle un salarié peut utiliser son temps comme bon lui semble, sans que son employeur n'ait à faire appel à ses services. Juridiquement, cela est considéré comme un arrêt de travail de courte durée sur le lieu de travail ou à proximité.

Ce temps de pause est obligatoire.

Y a-t-il une durée minimale du temps de pause ?

L'article L3121-33[25] du code du Travail précise : « *Dès que le temps de travail quotidien atteint six heures, le salarié bénéficie d'un temps de pause d'une durée minimale de vingt minutes. Des dispositions conventionnelles plus favorables peuvent fixer un temps de pause supérieur.* »

Ce temps de pause égal ou supérieur à vingt minutes est un droit pour tous les salariés.

---

25. *Cf.* site Internet *Legifrance*, service public de la diffusion du droit : https://www.legifrance.gouv.fr

Toutefois, une convention collective ou un accord collectif peut allonger les temps de pause, notamment celui du repas.

Est-ce-que je peux prendre ma pause en plusieurs fois ?

Le salarié est dans l'obligation d'effectuer sa pause de façon consécutive, autrement dit, il doit prendre ses vingt minutes en une seule fois. Il lui est donc impossible de les fractionner en deux fois dix minutes, par exemple.

La pause déjeuner

La plupart des salariés disposent d'une pause déjeuner durant laquelle ils cessent leur activité et peuvent se restaurer sur leur lieu de travail ou bien en dehors. La pause déjeuner est considérée comme un temps de pause, comme le montre l'arrêt rendu par la *Cour de cassation le 20 juin 2013, pour les pourvois n° 12-10127 à 12-10135*[26]. L'employeur qui n'accorde, à son salarié, que vingt minutes de pause pour déjeuner est donc dans son droit et respecte la loi.

Mais dans beaucoup d'entreprises, les règles concernant les temps de pause déjeuner sont encadrées par une convention collective ou un accord collectif. Ces textes peuvent alors prévoir une durée plus élevée, afin que le salarié puisse se restaurer dans de meilleures conditions. Selon les textes, ils peuvent varier de trente minutes à deux heures environ.

Rémunération du temps de pause

La pause est non rémunérée, car le salarié doit pouvoir profiter de ce temps comme bon lui semble, et n'a pas à se tenir à la disposition de l'entreprise (sauf cas exceptionnels).

---

26. *Ibid.* :
https://www.legifrance.gouv.fr/affichJuriJudi do?idTexte=JURITEXT000027596752

Toutefois, une convention collective ou un accord collectif peut également prévoir des règles plus favorables au salarié.

Il est également possible que les pauses soient payées dans certaines situations. Cela peut être le cas, si l'employeur ne permet pas au salarié d'utiliser sa pause comme il le voudrait ; le salarié n'est, alors, pas réellement libéré de ses obligations professionnelles, *comme le précisent les articles L3121-1 et L3121-2*[27] *du code du Travail.*

Ainsi, la pause est considérée comme du temps de travail effectif et peut donc être rémunérée, comme le montre l'arrêt rendu par la Cour de cassation civile, le 13 janvier 2010, pour le pourvoi n° 08-42716[28].

Et si je suis mineur ?

Le code du Travail (Art. L3162-3[29]) impose un temps de pause minimum de trente minutes consécutives dès lors que le temps de travail quotidien est supérieur à quatre heures et demie.

27. *Ibid.* : https://www.legifrance.gouv.fr
28. *Ibid.* : https://www.legifrance.gouv.fr/affichJuriJudi.do?idTexte=JURITEXT000021701707
29. *Ibid.* : https://www.legifrance.gouv.fr

La pause est donc un droit pour tout salarié ainsi qu'un devoir pour tout employeur, mais chacun doit en respecter les règles d'application établies par la loi.

Comment quitter son emploi de façon légale ?

Le licenciement

Qu'est-ce qu'un licenciement ?

Un licenciement est la rupture d'un contrat de travail à l'initiative de l'employeur. Il peut avoir lieu suite à la faute d'un salarié. Si cette faute est considérée comme grave ou lourde, l'employeur ne doit verser aucune indemnité de licenciement.

Or, dans le cas d'un licenciement pour faute simple ou pour un autre motif, ce dernier a l'obligation de verser au salarié des indemnités financières qui seront comprises dans le solde de tout compte du dernier mois de salaire.

Pour fixer ces indemnités, le code du Travail impose des montants minimums calculés en fonction de certaines règles :

– le montant de l'indemnité de licenciement dépend de l'ancienneté du salarié. En effet, le salarié peut toucher 20 % de son salaire mensuel par année d'ancienneté. Le salaire mensuel de référence est la rémunération brute moyenne des trois derniers mois ou des douze derniers mois ;

- des indemnités de préavis doivent être versées au salarié, même si l'employeur dispense ce dernier de l'effectuer ;
- des indemnités compensatrices de congés payés seront versées au salarié, si celui-ci n'a pas pu prendre tous ses congés avant son départ de l'entreprise. Cette indemnité est due, même en cas de faute grave ou de faute lourde ;
- des indemnités de conciliation peuvent être versées au salarié, si celui-ci a sollicité le bureau de conciliation des prud'hommes pour mettre fin à un éventuel litige portant sur son licenciement.

Et le chômage ?

Le texte de l'accord du 22 mars 2014, qui régit l'indemnisation chômage, établit que le salarié peut prétendre à l'ouverture de droits aux allocations chômage et ce, quel que soit le motif du licenciement.

La rupture conventionnelle

Qu'est-ce que la rupture conventionnelle ?

La rupture conventionnelle n'est ni une démission ni un licenciement. Elle permet de mettre fin à un contrat de travail d'un commun accord entre un employeur et un salarié en CDI.

La rupture conventionnelle présente des avantages pour chacun des parties. En effet, pour un salarié qui souhaite quitter son entreprise, il est plus avantageux de négocier une rupture conventionnelle grâce à laquelle il pourra toucher des indemnités de rupture plus importantes ou au moins égales à celles perçues lors d'une démission. De plus, cela lui permet d'ouvrir droit aux indemnisations chômage.

En ce qui concerne l'employeur, la procédure de rupture conventionnelle est bien moins lourde et moins risquée à suivre que celle prévue pour le licenciement.

Que ce soit pour l'une ou pour l'autre des parties, la rupture conventionnelle n'a pas besoin d'être justifiée.

Quelle est la procédure ?

La procédure de rupture conventionnelle est peu encadrée par la loi. Elle repose néanmoins sur quelques étapes essentielles.

La demande de rupture conventionnelle peut être à l'initiative du salarié ou bien de l'employeur. Elle peut être effectuée oralement, mais il est recommandé de l'adresser par courrier, en lettre recommandée avec accusé de réception.

Les négociations

Les ruptures conventionnelles sont souvent accompagnées de négociations entre les deux parties, puisque ni l'une ni l'autre n'est dans l'obligation d'accepter. En cas d'accord de principe sur l'idée d'engager une rupture conventionnelle, l'employeur et le salarié pourront établir plusieurs entretiens afin de négocier la rupture, notamment le montant de l'indemnité de rupture conventionnelle.

Dans le cas d'un refus, aucune des deux parties n'a à se justifier de sa décision.

Et le chômage ?

Les salariés bénéficiant d'une rupture conventionnelle peuvent percevoir des indemnités chômage.

La démission

Qu'est-ce que la démission ?

La démission fait référence à la demande et la volonté d'un employé de rompre son contrat de travail. Même si elle peut être donnée oralement, il est préférable d'envoyer une lettre en recommandé avec accusé de réception à son employeur. Là non plus, le salarié n'est pas obligé de justifier sa décision.

Un salarié peut démissionner de son emploi en contrat à durée indéterminée, mais ne peut le faire pendant un contrat à durée déterminée, hormis pendant sa période d'essai ou en cas d'obtention d'un CDI auprès d'un autre employeur.

Et la période de préavis ?

Le salarié qui démissionne se doit de respecter une période de préavis dont la durée est fixée par la loi ou la convention collective (sauf stipulation contraire dans le contrat de travail).

Dans certains cas cependant, le salarié est dispensé de tout préavis :

– en cas de grossesse ;

– à la fin d'un congé maternité ;

– lors d'un congé pour création d'entreprise ;

– lorsque l'employeur ne respecte pas ses obligations (non-paiement du salaire, modification du contrat...) ;

– pendant la période d'essai ;

– en cas d'accord amiable avec l'employeur.

En cas de non-respect de la période de préavis, le salarié peut être condamné à des dommages et intérêts.

Et les primes de départ ?

À la fin de son préavis, le salarié doit percevoir un solde de tout compte qui récapitule l'ensemble des montants versés par l'employeur au moment du départ du salarié. L'ensemble des éléments de sa rémunération peut comprendre :

– des primes ;

– une participation aux bénéfices ;

– un treizième mois ;

– une indemnité compensatrice de congés payés, si le salarié n'a pas pu prendre tous ses jours de congés avant la date de rupture du contrat de travail.

La rétractation ?

Lorsque la démission est donnée sous le coup de l'émotion, la loi reconnaît au salarié le droit de changer d'avis. Ainsi a-t-il la possibilité de se rétracter. Et si le salarié poursuit son travail après l'expiration de sa période de préavis ou bien du délai des congés payés, la démission devient alors caduque.

Et le chômage ?

La plupart du temps, la démission ne donne pas accès à une ouverture des droits aux allocations chômage. Toutefois, certaines démissions « légitimes » y donnent droit, lorsque le salarié remplit certaines conditions.

L'abandon de poste

Qu'est-ce que l'abandon de poste ?

C'est une absence injustifiée d'un salarié à son poste de travail : le salarié décide de ne plus se présenter à son poste et, ainsi, de ne plus remplir ses fonctions, et ce sans l'autorisation, au préalable, de son employeur.

Quelle sanction ?

L'employeur va, dans un premier temps, envoyer une lettre recommandée avec accusé de réception demandant à son employé de se présenter de nouveau à son poste de travail.

Dans un second temps, si l'employé ne reprend pas ses fonctions, l'employeur peut engager une procédure de licenciement, éventuellement pour faute grave.

La sanction de l'employeur peut prendre effet à partir de deux mois après l'abandon.

Et le chômage ?

Étant donné que le licenciement qui sanctionne l'abandon de poste donne droit aux allocations chômage, certains salariés ont recours à cette faute professionnelle, lorsqu'ils souhaitent quitter leur entreprise. Car, en principe, la démission, elle, ne donne pas accès à une indemnisation chômage.

Pour conclure, d'un point de vue financier, la démission est donc bien moins avantageuse, pour le salarié, qu'un licenciement, un abandon de poste ou bien une rupture conventionnelle.

Qu'est-ce que le projet d'accueil individualisé ?

Le Projet d'accueil individualisé, plus communément appelé PAI, est un document écrit proposé par la circulaire interministérielle 2003-135 du 8 septembre 2003[30]. Ce PAI est indispensable aux enfants atteints de troubles de la santé et gardés en collectivité. Il peut s'agir, par exemple, de troubles tels que les allergies[31], les intolérances alimentaires ou encore les pathologies chroniques, comme l'asthme.

Ce document doit inclure les besoins spécifiques de l'enfant durant sa présence au sein de la collectivité – traitement quotidien et/ou en cas de crise, régime alimentaire... –, mais également les dispositions particulières à prendre : aménagements d'horaires, activités interdites, protocole d'urgence, personnes à contacter en cas d'urgence, etc.

Il est essentiel, afin d'accueillir au mieux l'enfant mais aussi de rassurer les parents et l'équipe qui s'occupe de lui, d'as-

30. *Cf.* site officiel de l'Administration française : https://www.service-public.fr/particuliers/vosdroits/F21392
31. *Cf.* extrait du rapport ayant trait à l'accueil des enfants allergiques disponible sur le site de l'Association française pour la prévention des allergies (AFPRAL) : https://allergies.afpral.fr/allergie/reglementation/pai

surer sa sécurité tout au long de son accueil. Les établissements d'accueil ont le devoir « *de tout mettre en œuvre pour éviter l'exclusion et l'isolement dans lequel la maladie peut placer l'enfant ou l'adolescent et de développer l'adoption de comportements solidaires au sein de la collectivité* », comme l'explique la circulaire qui régit ce projet.

Le plus souvent élaboré à la demande du chef d'établissement, le PAI peut également être mis en place à la demande des parents. Ce document[32] est donc le résultat d'un temps d'échanges entre le médecin de la collectivité, le chef d'établissement du lieu d'accueil et la famille de l'enfant.

Le Projet d'accueil individualisé doit être complété par le médecin traitant de l'enfant qui rédige également une ordonnance sous pli cacheté à l'attention du médecin de la structure pour le traitement médical à suivre. Il convient d'actualiser le PAI chaque année.

32. *Cf.* modèle de PAI téléchargeable sur le site internet du ministère de L'Éducation nationale, de l'Enseignement supérieur et de la Recherche :
http://www.education.gouv.fr/pid25535/bulletin_officiel.html?cid_bo=85550
ou sur le site Internet de l'Association française pour la prévention des allergies (AFPRAL) :
https://www.service-public.fr/particuliers/vosdroits/F21392

Quelles sont les maladies nécessitant une éviction ?

L'accueil des enfants est notre travail quotidien. Même si nous préférons voir ces tout-petits plein de vie, en pleine forme, sans nez qui coule, boutons indésirables ou encore selle débordante, il arrive malheureusement que l'accueil devienne une réelle problématique. Qui ne s'est jamais retrouvé(e) un matin devant un parent avec son enfant dans les bras qui nous révèle, lors des transmissions, que son enfant a la varicelle, mais qu'il doit à tout prix aller travailler et que de toute façon : « *Mon fils va plutôt bien malgré quelques démangeaisons* » ?! Autant dire qu'il est parfois difficile de savoir comment gérer ces situations. C'est pourquoi, nous vous invitons à lire le guide pratique[33] disponible sur le site de l'Assurance maladie. Cet outil conjointement élaboré par la Direction générale de la santé, la Société française de pédiatrie et l'Assurance maladie saura vous guider de manière très concrète sur les conduites à tenir.

Contrairement à ce que l'on pense et ce que l'on aurait tendance à conseiller pour le bien-être des enfants, peu de pathologies entrent dans le cadre des évictions obligatoires, comme vous pouvez le voir ci-dessous.

33. *Cf.* le guide pratique *Collectivités de jeunes enfants et maladies infectieuses*, rédigé en novembre 2006, consultable sur le site Internet de l'Assurance Maladie : http://www.ameli.fr/fileadmin/user_upload/documents/CNAM_GUIDEPRATIQUE-BAG.pdf

L'éviction de la collectivité est une obligation réglementaire pour les pathologies suivantes :

Pathologie	Durée
L'angine à streptocoque	Jusqu'à 2 jours après le début de l'antibiothérapie
La scarlatine (une des formes d'angine à streptocoque)	Jusqu'à 2 jours après le début de l'antibiothérapie
La coqueluche	5 jours après le début de l'antibiothérapie
L'hépatite A	10 jours après le début de l'ictère
L'impétigo (lorsque les lésions sont étendues)	72 heures après le début de l'antibiothérapie, en cas de lésions trop étendues et ne pouvant être protégées
Les infections invasives à méningocoque	Hospitalisation
Les oreillons	Pendant 9 jours à partir de l'apparition de la parotidite
La rougeole	Pendant 5 jours après le début de l'éruption
La tuberculose	Tant que le sujet est bacillifère
La gastro-entérite à Escherichia coli entéro-hémorragique	Retour dans la collectivité sur présentation d'un certificat médical attestant de 2 coprocultures négatives à au moins 24 heures d'intervalle

La gastro-entérite à Shigella sonnei	Retour dans la collectivité sur présentation d'un certificat médical attestant de 2 coprocultures négatives à au moins 24 heures d'intervalle, au moins 48 heures après l'arrêt du traitement[1]

Pour toutes les autres, il convient d'apprécier l'état clinique de l'enfant, le risque infectieux pour le reste du groupe et jauger si cette maladie requiert une demande de soins trop importante pour les professionnels, ce qui pourrait causer des perturbations au niveau du fonctionnement habituel de la structure. En effet, certaines pathologies, comme la bronchiolite, l'otite ou encore la gastro-entérite – pour n'en citer que trois – peuvent rendre les enfants très mal-en-point. La fréquentation de la structure peut donc être vivement déconseillée par le responsable, si le confort de l'enfant en dépend.

Comme le souligne le guide cité plus haut, « *les parents pensent souvent que l'ordonnance d'antibiotiques est le "sésame" qui va permettre la réadmission de l'enfant. Dans ce cas, il peut être utile de préciser dans les règlements intérieurs et les protocoles d'accueil qu'une ordonnance d'antibiotiques n'est ni une pièce justificative, ni un argument facilitant la réadmission de l'enfant en collectivité*[34]. »

34. *Ibid.*

Au-delà des évictions obligatoires, il convient donc de prêter attention avant tout à l'état général de l'enfant et, pour chaque cas particulier, de conseiller au mieux les parents sur la venue ou non de leur enfant au sein de la collectivité.

Qu'est-ce que le droit à l'image des enfants ?

En structure d'accueil petite enfance, il est courant de voir des photos d'enfants sur les murs, dans les sections ou défilant en boucle sur les cadres photos numériques. Qu'il s'agisse de photos montrant l'enfant en pleine activité, durant une sortie ou encore d'une vidéo diffusée sur la tablette numérique à l'entrée de la structure, il est primordial de penser en amont au droit à l'image[35]. En effet, l'enfant étant une personne mineure, il est obligatoire d'avoir l'autorisation de son tuteur légal avant toute prise de vue, comme l'indique la circulaire académique du 25 mars 2009[36].

C'est pourquoi il est indispensable de faire signer au représentant légal de l'enfant, pour chaque situation, une autorisation écrite sur laquelle doivent être indiqués :

– le lieu ;

– la date ;

– les personnes concernées ;

35. *Cf.* site Internet du Centre national de la recherche scientifique (CNRS) : https://www.dgdr.cnrs.fr/daj/propriete/image/image.htm
36. *Cf.* site Internet du rectorat de Paris : https://www.ac-paris.fr/serail/jcms/s1_650657/droit-a-l-image-la-circulaire-academique-du-25-mars-2009

- le support dans lequel les photos vont être utilisées (magazine, affichage, album photos, site internet, etc.) ;
- l'objectif visé par la publication ;
- la durée d'exploitation et de conservation ;
- la nature de l'enregistrement (photo, film, son, etc.).

/!\ Il est important de signaler que contrairement à ce qui se fait généralement en collectivité, **une autorisation annuelle n'a aucune valeur légale** ; une autorisation ponctuelle au cas par cas est donc obligatoire.

Il faut savoir qu'en cas de non-respect des règles du droit à l'image, vous engagez votre responsabilité civile et pénale. En effet, selon l'article 9 du code civil, toute personne atteinte peut réclamer des dommages et intérêts sur le préjudice subi ainsi que le retrait de toutes les publications reproduisant son image.

FAUT-IL ADHÉRER À UNE ORGANISATION SYNDICALE ?

Qu'est-ce qu'un syndicat[37] *?*

Selon la loi Waldeck-Rousseau de 1884[38], le syndicat est une association de défense des intérêts matériels et moraux des professionnels. Le syndicat a des droits, du simple fait de sa constitution :

- droit de liberté de constitution et du choix de ses structures ;
- droit à une indépendance complète à l'égard des partis politiques, du Gouvernement et de l'Administration ;
- droit au monopole de la présentation des candidats aux élections professionnelles ;
- droit de protection et garanties des représentants du personnel.

37. *Cf.* site internet réalisé par la Direction de l'information légale et administrative : http://www.vie-publique.fr/decouverte-institutions/citoyen/participation/syndicat/qu-est-ce-qu-syndicat-comment-s-organise-t-il.html
38. *Cf.* site de l'Institut CGT d'histoire sociale (IHS CGT) : http://www.ihs.cgt.fr/IMG/pdf/loi_1884.pdf

Quels sont les différents syndicats et comment choisir ?

La particularité du paysage syndical en France est la diversité des organisations syndicales existantes.

Les principaux syndicats nationaux sont :

- la Confédération générale du travail (CGT), créée en 1885 ;
- la Confédération française des travailleurs chrétiens (CFTC), créée en 1919 ;
- Force ouvrière (FO), issue de la partie réformiste de la CGT et créée en 1947 ;
- la Confédération française démocratique du travail (CFDT), créée en 1964 après une scission d'avec la CFTC ;
- la Confédération générale des cadres (CGC) créée en 1944 ;
- d'autres fédérations syndicales spécifiques à certains secteurs existent, comme la Fédération syndicale unitaire (FSU) dans l'enseignement.

Par tradition ou par filiation, certains syndicats orientent leurs actions en faveur de la classe ouvrière, d'autres en faveur des agents très qualifiés et d'autres encore seront plus favorables au réformisme.

Le choix d'un syndicat s'effectue en fonction de ses sensibilités personnelles.

Pourquoi adhérer à un syndicat ?

Le droit d'adhérer à un syndicat et de défendre ses droits par l'action syndicale est réaffirmé dans le préambule de la Constitution de 1946, puis de 1958 :

– tout salarié peut adhérer à un syndicat ;

– tout syndicaliste peut disposer de mandats syndicaux ;

– en tant que délégué du personnel élu au suffrage direct – pour les entreprises d'au moins onze salariés – le syndicaliste est chargé des réclamations individuelles ou collectives des salariés. Il ne peut pas négocier avec l'employeur ;

- en tant que délégué syndical nommé par une organisation syndicale – pour les entreprises d'au moins soixante salariés – le syndicaliste recueille les demandes collectives des salariés ;
- le syndicaliste titulaire d'un mandat dispose d'un statut protecteur. Il ne peut être licencié qu'après accord de l'inspection du travail.

Combien coûte une cotisation syndicale ?

Les cotisations syndicales des salariés sont proportionnelles à leurs revenus et donnent droit à une réduction d'impôts égale à 66 % des sommes versées.

L'adhésion à un syndicat permet d'obtenir les services et avantages de l'organisation syndicale choisie, par exemple le droit à la formation syndicale, la mutuelle complémentaire, l'information juridique, le réseau…

Quel est le rôle des syndicats ?

Les syndicats ont notamment comme rôle :

- d'assurer la communication et de diffuser l'information – telle que les évolutions de la réglementation – auprès des salariés, par l'intermédiaire de leurs délégués ou bien d'affichages, de tracts, de réunions d'information, etc. ;
- de négocier des accords avec l'employeur (augmentations de salaire, amélioration des conditions de travail) ;
- de défendre les intérêts des salariés auprès de l'employeur. Ils peuvent accompagner et défendre les salariés lors d'entretiens avec leur hiérarchie, par exemple, en cas de conflit, de recours ou d'action disciplinaire ;
- d'engager des actions de protestation (grèves, pétitions, manifestations) ;
- de soutenir une action en justice afin de défendre les salariés.

Quelles sont les règles applicables aux congés maladies[39] ?

Le Congé de maladie ordinaire (CMO)

Le congé maladie ordinaire fait suite à un arrêt de travail prescrit par le médecin. Ce justificatif est obligatoire pour que le salarié soit considéré en congé maladie et puisse, ainsi, bénéficier des indemnités journalières versées par la Sécurité sociale et complétées par la part de l'employeur. L'arrêt de travail doit être envoyé dans les deux jours ouvrables qui suivent la date d'interruption de travail.

Quels sont les obligations à respecter ?

Tout salarié en congé maladie doit se soumettre aux contrôles médicaux organisés par l'employeur et la Caisse primaire d'assurance maladie (CPAM) et doit respecter les heures de sorties autorisées ou indiquées par le médecin.

---

39. *Cf.* site officiel de l'Administration française : https://www.service-public.fr/particuliers/vosdroits/N512

Combien de jours de carence ?

Les jours de carence sont les jours non indemnisés par la Sécurité sociale.

Dans la Fonction publique[40] , le jour de carence créé pour les fonctionnaires en janvier 2012 a été supprimé le 1er janvier 2014. Un fonctionnaire n'a donc pas à subir de jours de carence et le versement de son indemnité débute dès le premier jour de son arrêt maladie.

Dans le secteur privé, le délai de carence est de trois jours. Néanmoins, certaines conventions collectives prévoient que l'établissement prenne en charge une partie ou la totalité des indemnités dès le premier jour d'arrêt maladie. Une convention collective, comme définie sur le site officiel de l'Administration française, « *contient les règles particulières du droit du travail applicable à un secteur donné (contrat de travail, hygiène, congés, salaires, classification, licenciement...). Elle est conclue par les organisations syndicales représentatives des salariés et les organisations ou groupements d'employeurs*[41] ».

40. *Cf. Le portail de la Fonction publique* :
http://www.fonction-publique.gouv.fr/conge-maladie

41. *Cf.* site officiel de l'Administration française :
https://www.service-public.fr/particuliers/vosdroits/F78

L'employeur peut-il exiger un arrêt de travail pour une journée ?

Quelle qu'en soit la durée, toute absence doit obligatoirement être justifiée. Une absence non justifiée peut entraîner une sanction disciplinaire, telle qu'un avertissement ou un licenciement.

Que se passe-t-il en cas de préavis ?

Si l'arrêt de travail a pour origine une maladie ou un accident professionnel, la période de préavis (pour un licenciement, une démission, etc.) est prolongée d'une durée équivalente à celle de l'arrêt de travail. Dans le cas contraire, le préavis n'est pas prolongé.

Que se passe-t-il en cas d'inaptitude d'un salarié à reprendre ses fonctions ?

C'est le médecin du travail qui déclare l'inaptitude. Celle-ci peut être temporaire ou définitive et peut être contestée, par l'employeur ou le salarié lui-même, dans un délai de deux mois, par lettre recommandée.

Dans la Fonction publique, le professionnel bénéficie d'un aménagement de poste ou d'un reclassement. Dans le secteur privé, si l'employeur n'en a pas la possibilité, il peut avoir recours à un licenciement pour inaptitude professionnelle.

Les Congés de longue maladie (CLM)

Un fonctionnaire peut être placé en congé de longue maladie, s'il est atteint d'une des maladies listées dans l'arrêté du 14 mars 1986, ou après décision d'un comité médical.

Le congé de longue maladie est limité à trois ans, à compter de la date du premier arrêt maladie. Les trois années peuvent être fractionnées. Lors de la première, l'agent perçoit entièrement son traitement indiciaire, cependant les primes ne sont plus versées. Les deux années suivantes, le traitement indiciaire est réduit de moitié mais complété par une indemnité de la Sécurité sociale et, dans certains cas, d'une indemnité différentielle.

La reprise des fonctions s'effectue après examen par un médecin agréé et après avis favorable du comité médical compétent.

Lorsque la reprise des fonctions est impossible, et après épuisement du Congé longue maladie à plein traitement (à savoir pendant un an), l'agent peut être placé en Congé de longue durée.

Congé de longue durée (CLD)

L'agent peut être placé en congé de longue durée pendant cinq ans maximum, s'il est atteint d'une maladie grave. Ces maladies sont, au sein de la Fonction publique, les suivantes :

– les affections cancéreuses ;

– les maladies mentales ;

– la tuberculose ;

– la poliomyélite ;

– le déficit immunitaire grave et acquis.

L'agent perçoit entièrement son traitement indiciaire, les trois premières années, puis la moitié, les deux dernières années.

La reprise du travail est soumise à un examen par un médecin agréé et à l'avis favorable du comité médical compétent.

À l'issue d'un CLM et/ou d'un CLD, et en cas d'avis défavorable du comité médical concernant la reprise des fonctions, l'agent peut être admis à la retraite, s'il a atteint la limite d'âge, ou être placé pendant un an en position de disponibilité.

Fonction publique et secteur privé quelles différences ?

La Fonction publique

Les trois branches de la Fonction publique

La Fonction publique est composée de :

– la Fonction publique **hospitalière**, qui regroupe les hôpitaux (maternité, pédiatrie, néonatologie) et les crèches du personnel de l'hôpital.

– la Fonction publique **territoriale**, qui regroupe les crèches collectives gérées par une collectivité territoriale, les halte-garderies municipales et les services de PMI (Protection maternelle et infantile).

– la Fonction publique **d'État**. Comme il l'est stipulé sur le portail de la Fonction publique, « *les emplois de la fonction publique d'État se répartissent entre les administrations centrales de l'État et les services déconcentrés. Il s'agit dans le premier cas des services centraux des ministères, situés généralement à Paris, ayant en charge la conception et la coordination des actions de* *l'État au niveau national*[42]. » Les services déconcentrés, quant à eux, gèrent les services de l'État sur le plan local.

Comment intégrer la Fonction publique ?

L'intégration à la Fonction publique se fait par concours.

Une fois le concours obtenu, une période de stage est obligatoire, avant de pouvoir obtenir sa titularisation.

Voici, à ce sujet, les points importants relevés par nos soins, sur le site de l'Administration française :

- « *Le stage est une période probatoire, destinée à vérifier l'aptitude du fonctionnaire à exercer ses fonctions. Il peut comprendre des périodes de formation. À l'issue du stage, l'agent a vocation à être titularisé. La durée du stage, les conditions de son renouvellement et la situation du stagiaire durant cette période obéissent à des règles spécifiques. […] Le stage peut se dérouler sur le poste de travail lui-même […] ou en centre de formation*[43]. » ;
- « *La durée du stage est généralement d'un an. […] Toute décision de prolongation de stage est soumise à l'avis préalable de la Commission administrative paritaire (CAP). […] Le stage ne*

42. *Cf. Le portail de la Fonction publique* : http://www.fonction-publique.gouv.fr/la-fonction-publique-detat
43. *Cf.* site officiel de l'Administration française : https://www.service-public.fr/particuliers/vosdroits/F18933

peut être prolongé que d'une durée au maximum égale à la durée initiale, sauf disposition contraire du statut particulier.[44] » ;

– « *Tous les congés accordés au fonctionnaire stagiaire ont des effets sur la durée de son stage, à l'exception des congés annuels*[45]. » ;

– « *Le fonctionnaire stagiaire a les mêmes droits (droit à la protection de la santé, protection fonctionnelle) et obligations que le fonctionnaire titulaire*[46]. » ;

– Les congés annuels : « *le fonctionnaire stagiaire bénéficie des congés annuels dans les mêmes conditions qu'un fonctionnaire titulaire.*[47] » ;

– « *Le fonctionnaire stagiaire ne peut ni être détaché (sauf nécessités du service), ni être muté, ni être mis à disposition ou en disponibilité.*[48] » ;

– « *À la fin du stage, l'administration prend une décision de titularisation ou de non-titularisation de l'agent*[49] ».

L'agent titularisé est, alors, embauché définitivement ;

– « *Si, avant sa nomination en tant que stagiaire, il était déjà titulaire dans un autre corps ou cadre d'emplois, il devient titu-*

---

44. *Ibid.*
45. *Ibid.* : https://www.service-public.fr/particuliers/vosdroits/F1895
46. *Ibid.* : https://www.service-public.fr/particuliers/vosdroits/F18933
47. *Ibid.*
48. *Ibid.*
49. *Ibid.*

laire du grade sur lequel il a été nommé stagiaire et perd son ancien grade.[50] » ;

– « *Le refus de titularisation ne donne lieu à aucune indemnité de licenciement*[51] ». La personne pourra bénéficier des allocations chômage suivant certaines conditions, telles que ne pas avoir atteint l'âge minimum légal de départ à la retraite, résider en France, avoir retravaillé au moins quatre mois[52] ;

– « *Le refus de titularisation peut être pris à la fin de la période normale de stage ou à la fin de la prolongation de stage*[53] ». Si la personne était titulaire dans un autre corps ou cadre d'emplois avant sa nomination en tant que stagiaire, elle sera réintégrée dans ce corps ou cadre d'emplois d'origine.

Voici quelques textes de référence[54], concernant l'intégration au sein de la Fonction publique :

– la loi n° 84-53 du 26 janvier 1984 relative au statut de la Fonction publique territoriale ;

---

50. *Ibid.*
51. *Ibid. :* https://www.service-public.fr/particuliers/vosdroits/F1564
52. *Cf.* site officiel de l'Administration française : http://www.service-public.fr/particuliers/vosdroits/F14860
53. *Ibid.* : https://www.service-public.fr/particuliers/vosdroits/F514
54. *Cf.* site internet *Legifrance*, service public de la diffusion du droit : https://www.legifrance.gouv.fr

– la loi n° 86-33 du 9 janvier 1986 relative au statut de la Fonction publique hospitalière ;

– le décret n° 92-1194 du 4 novembre 1992 fixant les dispositions communes applicables aux fonctionnaires stagiaires de la Fonction publique territoriale ;

– le décret n° 97-487 du 12 mai 1997 relatif aux stagiaires de la Fonction publique hospitalière.

Licenciement d'un fonctionnaire

Selon le site officiel de l'Administration française, « *le licenciement d'un fonctionnaire peut intervenir pour différentes raisons. Selon le motif de licenciement, la procédure varie et l'agent bénéficie ou non d'une indemnité. [...] L'agent licencié peut bénéficier des allocations chômage, s'il remplit les conditions d'indemnisation requises*[55]. »

55. *Ibid.* : https://www.service-public.fr/particuliers/vosdroits/F514

Un fonctionnaire peut être licencié pour les motifs suivants :

Motif de licenciement	**Indemnité de licenciement**
Insuffisance professionnelle[2], soit le manque de compétence d'un salarié dans l'exécution de son travail	Oui
3 refus successifs d'offres d'emploi correspondant au grade, à l'issue d'une disponibilité	Non
Refus, sans motif valable lié à son état de santé, du ou des poste(s) proposé(s) à l'issue d'un congé de maladie ordinaire, de longue maladie ou de longue durée	Non
À l'issue d'un détachement sur un emploi fonctionnel, si la collectivité d'origine ne dispose pas d'emploi vacant correspondant à son grade (notamment concernant des postes de direction) et si le fonctionnaire le demande	Oui
3 refus successifs d'offres d'emploi	Non
Inaptitude physique définitive	Oui

Quelques textes de référence[56]

Voici quelques textes juridiques concernant le fonctionnariat :

- décret n° 85-186 du 7 février 1985 relatif à l'indemnité de licenciement pour insuffisance professionnelle due aux fonctionnaires des collectivités territoriales ;
- articles 49 et 61 du décret n° 85-986 du 16 septembre 1985 relatif à certaines positions administratives dans la fonction publique d'État (FPE) ;
- articles 27 et 45 du décret n° 86-442 du 14 mars 1986 relatif aux médecins agréés, aux comités médicaux et commissions de réforme, aux conditions d'aptitude physique et aux congés de maladie des fonctionnaires ;
- articles 17 et 35 du décret n° 87-602 du 30 juillet 1987 relatif à l'organisation des comités médicaux, aux conditions d'aptitude physique et au régime des congés de maladie des fonctionnaires territoriaux ;
- articles 7, 10, 11, 13, 24 et 25 du décret n° 88-614 du 6 mai 1988 relatif à la perte d'emploi et au congé spécial dans la fonction publique territoriale (FPT) ;

56. *Cf.* site Internet *Legifrance*, adresse citée.

- articles 9, 18, 20 et 31 du décret n° 97-487 du 12 mai 1997 relatif aux stagiaires de la fonction publique hospitalière (FPH) ;
- arrêté du 19 décembre 1983 relatif à l'indemnisation des agents de la fonction publique hospitalière (FPH) licenciés pour insuffisance professionnelle ;
- circulaire du 31 octobre 2007 définissant les modalités de contrôle de déontologie applicables aux agents publics.

Le secteur privé

D'après Pierre Tourev, « *on appelle secteur privé le domaine d'activité constitué des entreprises, associations ou organisations qui ne dépendent pas directement de l'État*[57] ».

Les structures faisant partie du secteur privé sont : les crèches associatives, les cliniques privées, les micro-crèches et les crèches collectives gérées par un gestionnaire privé.

Les conventions collectives

Comme nous l'avons vu précédemment, « *la convention collective contient les règles particulières du droit du travail*

57. *Cf.* site Internet participatif de Pierre Tourev, cadre supérieur en contrôle de gestion : http://www.toupie.org/Dictionnaire/Secteurprive.htm

applicable à un secteur donné (contrat de travail, hygiène, congés, salaires, classification, licenciement...). Elle est conclue par les organisations syndicales représentatives des salariés et les organisations ou groupements d'employeurs. Son champ d'application est variable. L'employeur doit l'appliquer, sauf cas particulier[58].

La convention collective traite des conditions d'emploi, de formation professionnelle et de travail des salariés, et de leurs garanties sociales.

Elle adapte les règles du code du Travail aux situations particulières du secteur d'activité concerné.

Elle comporte généralement un texte de base, souvent complété par des avenants, des accords et des annexes[59] ».

L'application de la convention est obligatoire : « *En cas de violation des dispositions de la convention collective, le salarié peut saisir le conseil des prud'hommes. En cas de refus de l'employeur d'appliquer la convention, les syndicats peuvent également saisir à titre collectif le tribunal de grande instance compétent*[60] ».

58. *Cf.* site officiel de l'Administration française : https://www.service-public.fr/particuliers/vosdroits/F78
59. *Ibid.*
60. *Ibid.*

« *Si une convention est applicable à l'entreprise, l'employeur est tenu d'en informer les salariés.*

Ainsi, le salarié doit recevoir lors de son embauche une notice d'information sur la convention collective dont dépend son employeur. Il peut également la consulter dans son entreprise ou sur internet.

Elle doit également être mise à disposition des instances représentatives du personnel.

L'intitulé de la convention doit apparaître sur le bulletin de paie. Il peut être aussi mentionné sur son contrat de travail[61] ».

Voici quelques textes de référence[62] concernant les conventions collectives :

- code du Travail : articles L2221-1 à L2222-4 ;
- code du Travail : articles R2262-1 à R2262-5 (objet, contenu, champ d'application et durée des conventions collectives).

Contrat de travail dans le secteur privé

Selon le site officiel de l'Administration française, « *dans le secteur privé, le contrat peut prendre trois formes différentes.*

61. *Ibid.*
62. *Cf.* site Internet *Legifrance*, adresse citée.

En principe, il est à durée indéterminée mais, dans certains cas limitativement énumérés par la loi, il peut être à durée déterminée (un terme est prévu). La loi prévoit par ailleurs la possibilité de conclure des contrats de mission dans le cadre de l'intérim. Chaque forme de contrat obéit à des règles spécifiques[63] ».

Les trois types de contrats dans le secteur privé sont :

– le contrat à durée indéterminée ;

– le contrat à durée déterminée ;

– le contrat temporaire ou d'intérim.

La période d'essai

Selon le site du ministère du Travail, « *la période d'essai permet à l'employeur d'évaluer les compétences du salarié dans son travail, notamment au regard de son expérience, et au salarié d'apprécier si les fonctions occupées lui conviennent*[64] ».

63. *Cf.* site officiel de l'Administration française : https://www.service-public.fr/particuliers/vosdroits/N19871

64. *Cf.* site internet du ministère du Travail, de l'Emploi, de la Formation professionnelle et du Dialogue social : http://travail-emploi.gouv.fr/droit-du-travail/contrats-et-carriere/article/la-periode-d-essai

D'après l'article L1221-19 du code du Travail[65], « *le contrat de travail à durée indéterminée peut comporter une période d'essai dont la durée maximale est :*

– pour les ouvriers et les employés, de deux mois ;

– pour les agents de maîtrise et les techniciens, de trois mois ;

– pour les cadres, de quatre mois ».

« *La période d'essai constitue ainsi une première phase du contrat de travail qui :*

– n'est pas obligatoire ;

– doit, pour exister, être prévue dans le contrat de travail ou la lettre d'engagement ;

– a une durée maximale fixée par le code du Travail, les conventions collectives ou le contrat de travail ;

– peut, sauf abus, être rompue librement sous réserve du respect d'un délai de prévenance[66] ».

65. *Cf.* site internet *Legifrance*, adresse citée.
66. *Cf.* site internet du ministère du Travail, de l'Emploi, de la Formation professionnelle et du Dialogue social : http://travail-emploi.gouv.fr/droit-du-travail/contrats-et-carriere/article/la-periode-d-essai

« *La période d'essai peut être renouvelée une fois si un accord de branche étendu le prévoit. Cet accord fixe les conditions et les durées de renouvellement. La possibilité de renouvellement est expressément stipulée dans la lettre d'engagement ou le contrat de travail.*

La durée de la période d'essai, renouvellement compris, ne peut pas dépasser (art. L1221-21) :

– *quatre mois pour les ouvriers et employés ;*

– *six mois pour les agents de maîtrise et techniciens ;*

– *huit mois pour les cadres*[67] ».

Motifs de licenciement autorisés dans le secteur privé[68]

Les motifs de licenciement autorisés sont les suivants :

– impossibilité de reclasser le salarié inapte ;

– perturbation du fonctionnement de l'entreprise ;

– en cas de maladie d'origine non professionnelle, un salarié peut être licencié, si son absence prolongée ou ses absences répétées perturbent le fonctionnement de l'entreprise, et si l'employeur se trouve dans la nécessité de pourvoir à son remplacement définitif. Dans ce cas, les motifs du licencie-

67. *Ibid.*
68. *Cf.* site officiel de l'Administration française : https://www.service-public.fr/particuliers/vosdroits/F133

ment sont appréciés au cas par cas par le juge. La convention collective applicable peut prévoir que le salarié absent pour maladie ne puisse être licencié qu'au terme d'un certain délai ;

– faute commise par le salarié qui peut être la conséquence soit du non-respect par le salarié malade d'une de ses obligations (envoi d'un arrêt de travail tardif malgré les mises en demeure de l'employeur de justifier de son absence), soit d'une faute commise avant l'apparition de la maladie entraînant l'arrêt ;

– motif économique.

Voici la liste de quelques textes de référence[69] concernant le *licenciement* :

– code du Travail : article L1132-1, « Motifs de licenciement interdits » ;

– code du Travail : article L1226-4, « Inaptitude d'origine non professionnelle » ;

– code du Travail : article L1226-14, « Inaptitude d'origine professionnelle ».

69. *Cf.* site *Legifrance*, adresse citée.

Comment prévenir les risques professionnels[70]

70. Sources :
   - site internet de l'INRS : http://www.inrs.fr
   - *Le portail de la Fonction publique* : http://www.fonction-publique.gouv.fr
   - site internet sur la santé et la sécurité au travail : http://www.officiel-prevention.com

D'après l'Institut national de recherche et de sécurité (INRS), « *la prévention des risques professionnels, c'est l'ensemble des dispositions à mettre en œuvre pour préserver la santé et la sécurité des salariés, améliorer les conditions de travail et tendre au bien-être au travail*[71] ».

Suivant l'article L4121-2 du code du Travail[72], l'employeur est dans l'obligation de mettre en place une démarche de prévention, en s'appuyant sur neufs principes généraux :

– éviter les risques ;

– évaluer les risques ;

– combattre les risques à la source ;

– adapter le travail à l'homme ;

– tenir compte de l'évolution de la technique ;

– remplacer ce qui est dangereux par ce qui l'est moins ;

– planifier la prévention ;

– donner la priorité aux mesures de prévention collective ;

– donner des instructions appropriées aux salariés.

71. *Cf.* site Internet de l'INRS : http://www.inrs.fr/demarche/fondamentaux-prevention/ce-qu-il-faut-retenir.html

72. *Cf.* site Internet *Legifrance*, service public de la diffusion du droit : https://www.legifrance.gouv.fr

Qu'est-ce que le Document unique d'évaluation des risques professionnels (DUEvRP) ?

- C'est un document réglementaire du code du Travail obligatoire dans toutes les entreprises ;
- il recense les situations à risque de l'établissement ainsi que l'élaboration des plans d'action ;
- il doit être complété une fois par an par le responsable de l'établissement et chaque fois que nécessaire, par exemple après un accident de travail ;
- il doit être mis à disposition du personnel et des agents de l'inspection du travail ;
- l'absence de ce document et/ou de sa mise à jour est passible d'amende ;
- il n'y a pas de document type.

Quels sont les risques du métier de la petite enfance ?

- Risques physiques : troubles musculo-squelettiques (TMS), troubles auditifs (perte auditive, hyperacousie, acouphènes) ;
- risques d'accidents du travail (glisser sur un jeu…) ;

– risques biologiques et maladies (ORL, gastro-entérite…) ;
– risques pour les femmes enceintes (produits d'entretien, cytomégalovirus…) ;
– risques psychologiques : stress, fatigue, dépression, épuisement liés aux rythmes de travail, aux nuisances sonores et/ou à la charge de travail, impression de non-reconnaissance du travail accompli, conflits entre collègues, etc.

Comment prévenir ces risques ?

Nous ne sommes pas tous égaux face aux risques. Le facteur individuel joue aussi un rôle prédominant, comme l'hérédité, par exemple. Certaines personnes sont prédisposées à rencontrer des troubles musculo-squelettiques, ce qui les rend plus fragiles et sensibles face aux maladies professionnelles.

Les mesures de prévention, telle la pose de plans de travail ergonomiques à bonne hauteur, par exemple, n'éliminent pas les risques mais les diminuent.

La prévention des risques biologiques passe par l'hygiène et le respect des normes d'utilisation des produits d'entretien pour la désinfection des jeux, des locaux, des tables de changes, etc. Le lavage des mains est, bien sûr, également essentiel, au quotidien.

La prévention des risques psychologiques, comme les risques de conflits ou d'épuisement nerveux, est favorisée par une bonne communication entre collègues, un bon management, une bonne coordination des équipes, mais aussi sur le plan individuel, par une démarche personnelle de bienveillance.

Les risques physiques peuvent être diminués en respectant les bons gestes et postures, mais également en utilisant du matériel ergonomique.

Les troubles musculo-squelettiques (TMS) sont multifactoriels. Il est donc important d'en déterminer la cause pour mettre en place une action adaptée, quand cela est possible.

Facteurs	Exemples de causes	Idées/propositions d'action
Environnementaux	Chaleur/froid qui ne favorise pas l'emploi des bons gestes Niveau sonore élevé	Aérer les pièces Mettre en place des ventilateurs Proposer des activités calmes aux enfants Faire des petits groupes
Organisationnels	Planning Répartition des tâches	Repenser l'organisation Répartir les tâches de façon équitable
Psychosociaux	Tension entre collègues Sentiment de non-reconnaissance Charge de travail	Communiquer Instaurer une démarche de bienveillance les uns envers les autres Organiser des réunions
Biomécaniques	Gestes répétitifs Efforts extrêmes Mauvaise Position Portages	Utiliser le matériel à disposition Utiliser le balai pour ramasser les jeux Mettre les caisses de jeux à hauteur d'adulte Faire deux piles de lits qui s'emboîtent Suivre une formation « Gestes et postures » Respecter les bons gestes et postures
Techniques	Contraintes du mobilier de petite taille adapté aux enfants Table de change trop haute ou trop basse Matériel non adapté	Éviter de s'asseoir sur des chaises pour enfant Commander du matériel adapté Favoriser l'ergonomie pour le personnel

La pédagogie

Projet social, éducatif, pédagogique quelles différences ?

Dans notre secteur, nous sommes entourés de projets : projet d'établissement, de fonctionnement, projet social, éducatif, pédagogique, projet d'accueil individuel, etc. Il n'est pas toujours évident de mettre des mots sur tous ces projets.

Commençons par définir ce qu'est un projet. C'est un « *but que l'on se propose d'atteindre*[73] », selon le dictionnaire *Larousse*. Grâce à cette définition, nous comprenons que le projet a pour but d'être concrétisé, il ne doit pas rester abstrait. Il est donc important d'écrire des projets afin de mettre des mots sur nos objectifs et sur la façon dont nous comptons les réaliser. Un projet est une trame à suivre, un fil conducteur qui nous permet d'aller tous dans le même sens, d'accorder nos pratiques professionnelles.

73. *Cf.* site internet des éditions Larousse : http://www.larousse.fr

Nous allons maintenant répondre à la question principale. Quelle est la différence entre un projet social, un projet éducatif et un projet pédagogique ?

Le projet social et le projet éducatif composent le projet d'établissement ou de service d'une structure collective.

Le projet social

Le projet social doit préciser les modalités d'intégration de l'établissement ou du service dans son environnement social et les dispositions prises pour la mise en œuvre du droit prévu par le dernier alinéa de l'article L214-2 du code de l'Action sociale et des familles[74].

Le projet social doit apporter les informations suivantes :

« *1° Fai[re] l'inventaire des équipements, services et modes d'accueil de toute nature existant pour l'accueil des enfants de moins de six ans, y compris les places d'école maternelle ;*

2° Recense[r] l'état et la nature des besoins en ce domaine pour sa durée d'application ;

3° Précise[r] les perspectives de développement ou de redéploiement des équipements et services pour la petite enfance qui

74. *Cf.* site internet *Legifrance*, service public de la diffusion du droit : https://www.legifrance.gouv.fr

apparaissent nécessaires, ainsi que le calendrier de réalisation et le coût prévisionnel des opérations projetées par la commune. »

Le projet éducatif

Le projet éducatif précise les dispositions prises pour assurer l'accueil, le soin, le développement, l'éveil et le bien-être des enfants[75]. Il définit les axes et l'orientation que voudra prendre la structure à sa création, il est donc écrit par le(s) gestionnaire(s) créateur(s). Il est généralement commun à toutes les structures d'une même ville, d'un même groupe ou d'une même association. On peut dire que ce sont les valeurs-phares auxquelles chaque professionnel intégrant la structure doit adhérer et les objectifs prioritaires auxquels il devra répondre en priorité.

Les grands axes des projets éducatifs sont souvent :

- le respect de l'individualité de l'enfant et de sa famille ;
- la sécurité physique et affective de l'enfant ;

75. *Cf.* décret du 7 juin 2010 relatif aux établissements et services d'accueil des enfants de moins de 6 ans, consultable sur le site internet *Legifrance* : https://www.legifrance.gouv.fr/eli/decret/2010/6/7/MTSA1014681D/jo/texte

- la réponse de façon adaptée aux besoins physiologiques de l'enfant, tout au long de la journée ;
- la découverte et l'ouverture au monde extérieur ;
- la place de la famille dans la structure.

Le projet pédagogique

Le projet pédagogique met en lumière les pratiques professionnelles, qui sont les moyens mis en œuvre pour concrétiser les axes de réflexion du projet éducatif. Il décrit l'organisation et le fonctionnement au quotidien de la structure. Il est donc propre à chacune, car chaque établissement a son propre fonctionnement et n'accueille pas le même type de public. C'est un projet qui est rédigé en équipe, avec la collaboration du directeur de la structure. De plus, il n'est pas figé dans le temps, il doit évoluer chaque année avec les réflexions faites en équipe, les difficultés rencontrées au cours de l'année et les moyens mis en place pour pallier ces difficultés, etc.

Le projet éducatif et le projet pédagogique sont souvent confondus. Il faut donc retenir :

Projet éducatif	**Projet pédagogique**
Valeurs de la structure	Les outils, les moyens et les actions pédagogiques mis en place au quotidien dans la structure.
Rédigé par le(s) gestionnaire(s) créateur(s)	Rédigé par les professionnels de la structure
Commun à un ensemble de structures	Unique à chaque établissement

Qu'est-ce que la pédagogie Montessori [76] ?

Maria Montessori

Maria Montessori est née en 1870 en Italie. Elle obtient son diplôme de médecin ainsi que sa licence en psychologie, biologie et philosophie, en 1896. Maria Montessori est une grande féministe qui se bat pour les droits politiques et sociaux des femmes, elle représentera l'Italie aux congrès féministes de Londres en 1889 et de Berlin en 1900. Après un long moment à visiter des asiles et à assister à des conférences sur l'éducation des enfants handicapés, elle crée, en 1899, sa première école pour s'occuper des enfants déficients mentaux, car elle ne supporte plus de voir ces enfants laissés dans des parcs sans jeux ni activités.

Grâce à cette école, Maria Montessori observe les enfants et accommode sa pédagogie au fil du temps. Elle s'inspire beaucoup des travaux des deux professeurs, Édouard Seguin et Jean Itard.

76. *Cf.* site Internet de l'association « Tout Montessori en France » : http://www.montessorienfrance.com/

Une fois sa méthode bien élaborée, elle décide de l'adapter à l'enfant « sain », en ouvrant sa première « Casa dei Bambini » (« Maison des Enfants »), en 1907. Elle y accueillera essentiellement des enfants des quartiers pauvres.

Les concepts de sa pédagogie

Les points essentiels de la pédagogie Montessori sont les suivants :

- l'utilisation d'un **matériel sensoriel concret** via l'intelligence des mains de l'enfant pour l'aider à comprendre le monde qui l'entoure. Il s'agit de laisser l'enfant manipuler pour qu'il puisse intégrer des notions abstraites plus facilement ;
- le **libre accès** au matériel. Chaque matériel mis en place a un but précis dans l'apprentissage de l'enfant, il lui est donc présenté, au préalable, afin d'être utilisé correctement. Une fois le matériel présenté, l'enfant y accède librement ;
- les **encouragements** qui favorisent l'autonomie de l'enfant, sa prise d'initiative, ses apprentissages ainsi que la construction de son estime de soi. L'enfant a une motivation naturelle pour l'apprentissage ;
- **l'attitude toute particulière de l'éducateur**. Celui-ci doit présenter le matériel à l'enfant, sans parler afin de ne pas l'in-

fluencer. Lors des premières manipulations de l'enfant, l'éducateur doit rester près de lui avec une attitude d'observateur, intervenant seulement si l'enfant manifeste un besoin d'aide. Petit à petit, l'éducateur se met en retrait et laisse l'enfant manipuler le matériel de façon autonome.

La mise en place de sa pédagogie

La pédagogie Montessori exige de suivre ces règles de fonctionnement :

– la liberté de se déplacer dans l'espace, de choisir l'activité que l'on veut faire ;

- un environnement sécurisant, calme, serein et ordonné ;
- un matériel concret, beau, propre, sécurisé, auto-correctif, monofonctionnel et unique ;
- le droit de ne rien faire ;
- le respect des périodes sensibles de l'enfant pour lui proposer du matériel correspondant à ses besoins ;
- l'activité individuelle permettant à l'enfant de s'approprier le geste et la logique.

Qu'est-ce que les périodes sensibles de l'enfant ?

Les périodes sensibles correspondent à une sensibilité particulière de l'enfant, pendant un moment donné, où celui-ci sera totalement absorbé par une chose en particulier, comme par exemple, l'ordre des choses, les dinosaures, les planètes, les pays, etc. Ce sont des périodes passagères, transitoires. Se servir de ces périodes sensibles peut permettre de faciliter l'apprentissage chez l'enfant, car cette sensibilité lui donne une grande motivation pour apprendre.

Témoignage de Coralie Nardeau[77] : « *Comment j'ai mis cette pédagogie en place dans ma structure* ».

77. L'un des coauteurs du présent manuel. *Cf.* sa présentation p. 9.

Étape 1 : la réflexion

« Grâce à la formation "Montessori pour les 0-3 ans" que j'ai suivie, j'ai pu plus facilement proposer ce projet dans ma crèche. J'ai pu élaborer ce projet avec quatre collègues. Pour réfléchir à la manière d'adapter la pédagogie Montessori à notre structure, je leur ai présenté les différents matériels de cette pédagogie. À partir de toutes ces connaissances, nous avons réfléchi à ce qui serait approprié de mettre en place. À cette fin, nous nous sommes posé les questions suivantes :

- *En quoi utiliser cette pédagogie est un plus pour les enfants et les professionnels ?*
- *Quel matériel répond aux besoins des enfants que l'on accueille ?*
- *Que pouvons-nous réellement mettre en place par rapport à l'organisation en crèche ?*

Après avoir répondu à toutes ces questions, nous nous sommes mis d'accord pour utiliser le support des plateaux. Cela nous semblait être le matériel le plus adapté à l'âge des enfants que nous accueillions (2-3 ans), ils pouvaient ainsi profiter de différentes manipulations tout au long de la journée et bénéficier d'un espace de manipulation délimité. »

Étape 2 : la conception

« *Une fois fixés sur ce que nous allions mettre en place, nous nous sommes demandé ce que nous devions mettre sur les plateaux. Étant donné que nous devions acheter des plateaux en bois et que cela allait engendrer des frais, nous avons décidé d'utiliser le matériel déjà en notre possession à la crèche.*

Nous avons ensuite réfléchi à la manière de présenter les plateaux aux enfants. Allions-nous utiliser la méthode de présentation montessorienne à cent pour cent, c'est-à-dire présenter le matériel à des petits groupes d'enfants et leur montrer comment l'utiliser ? Ou allions-nous leur laisser la liberté de découvrir seuls le matériel du plateau ? Après réflexion, nous avons décidé de respecter la méthode de Mme Montessori. »

Étape 3 : la réalisation

« *Pour commencer, nous avons décidé de mettre en place trois plateaux différents : un premier pour les transvasements de verre à verre, un deuxième pour les transvasements avec une cuillère et un dernier avec des boîtes à ouvrir et à fermer.*

Comme prévu, nous avons présenté le matériel aux enfants. Nous avons commencé à le proposer dans la section des grands (2 ans et demi à 3 ans et demi). Nous nous occupions de deux enfants à chaque fois et leur montrions chacun des plateaux, puis nous les laissions manipuler à leur tour. Nous leur expliquions en même temps les règles : un seul enfant par plateau, ranger le plateau après l'avoir utilisé. Nous avions vingt-quatre enfants, cela nous a donc demandé quasiment un mois pour présenter le matériel à chacun d'eux.

Une fois toute cette présentation faite, nous avons mis ces différents plateaux – deux de chaque type d'activité – à la disposition des enfants.

Les enfants utilisaient les plateaux mais avaient du mal à respecter les règles : un seul enfant par plateau, ne pas prendre le matériel sur les plateaux pour aller jouer dans les autres coins-jeux, etc. De plus, nous avions mis du riz pour le transvasement et ils se retrouvaient souvent en difficulté lorsqu'ils en renversaient, car cela leur prenait beaucoup de temps de ramasser les grains de riz éparpillés sur le plateau.

Cette première mise en place n'a donc pas été un grand succès, malheureusement. »

Réévaluation du projet

« Les points à revoir ont été les suivants :

– la présentation des plateaux en petits groupes ;

– l'incitation à manipuler le matériel d'une certaine façon ;

– les plateaux en libre accès dans la salle de vie.

À partir de ces trois points, nous avons pu revoir la mise en place du projet. Nous avons donc proposé les plateaux d'une façon totalement différente :

- *nous n'avons pas présenté les plateaux aux enfants par petits groupes ;*
- *nous n'avons mis sur les plateaux que des éléments qu'ils connaissaient déjà ;*
- *nous avons énoncé une règle à la fois, ce qui a permis aux enfants de les respecter ;*
- *nous avons décidé d'utiliser les plateaux principalement lors de l'accueil du soir, ce qui s'est révélé très bénéfique, étant donné qu'à ce moment de la journée, les enfants se montrent souvent "éparpillés". Mais grâce à ces plateaux, ces enfants arrivaient à se poser et à se recentrer sur eux-mêmes ;*
- *nous avons disposé les plateaux à même le sol. En début d'année, certains enfants sont encore jeunes et cela peut les mettre en difficulté, de devoir porter les plateaux jusqu'à une table.* »

En quoi le portage[78] est-il bénéfique ?

Le portage consiste à porter l'enfant contre soi, dans les bras ou à l'aide d'un tissu, généralement appelé « écharpe de portage ».

Les bébés ont longtemps été transportés dans des poussettes, mais depuis quelques années les connaissances scientifiques et psychologiques sur le développement du bébé nous permettent de comprendre que le contact et le rapprochement physique et psychique que vient offrir le portage sont essentiels. Un bon nombre de mamans font l'acquisition d'une écharpe de portage, de même que les professionnels travaillant dans les institutions de la petite enfance. Bien que le portage à bras soit déjà préconisé, il est de moins en moins rare de voir des professionnels utiliser un accessoire de portage.

Qu'il s'agisse d'un portage à bras ou en écharpe, il est primordial de respecter la physiologie naturel du bébé. Lorsque

78. *Cf.* ces deux sites Internet qui aident à mieux comprendre ce qu'est le portage :
– http://www.portersonenfant.fr
– http://naitreetgrandir.com/fr/etape/0_12_mois/soins/fiche.aspx?doc=bg-naitre-grandir-portage

l'on blottit le bébé contre soi pour l'entourer d'une écharpe, il se met naturellement en position assise, ce qui lui permet de bien s'agripper au porteur. Son dos doit être arrondi et il faut veiller à ce qu'il soit bien maintenu, que ce soit par un tissu de portage ou par la main. Le bébé doit être en appui sur ses fesses et non sur ses jambes ou son entrejambe. Ses genoux sont repliés, ses cuisses écartées mais sans forcer. Sa tête doit se trouver dans l'axe de sa colonne vertébrale.

Consignes de sécurité
Le visage de l'enfant doit être découvert et visible
Le dos doit être arrondi et soutenu
Le bébé doit être porté de préférence en position verticale (surtout en écharpe de portage)
Le bébé doit être positionné face à son porteur

Le portage offre de nombreux avantages physiologiques et psychologiques au bébé, mais également aux adultes qui le pratiquent.

Les avantages pour le bébé :

– lui permettre de réguler sa température ;

– lui offrir une position confortable ;

– l'aider à réguler son sommeil ;

- stimuler son appétit ;
- favoriser le lien d'attachement ;
- calmer les pleurs ;
- favoriser la confiance en soi et l'estime de soi ;
- offrir le sentiment de sécurité nécessaire à la découverte du monde qui l'entoure ;
- répondre à son besoin de proximité et de sécurité affective.

Les avantages pour le porteur :

- contribution à la formation du lien bébé/adulte ;
- soulagement du dos dans la cadre d'une écharpe de portage ;
- liberté de mouvements dans les actes de la vie quotidienne ;
- meilleur disponibilité pour faire des tâches en parallèle.

Le portage est donc plus qu'un effet de mode, c'est surtout une réelle prise de conscience en matière d'accompagnement du très jeune enfant. Le bébé est un être fragile qui mérite d'être accueilli au monde en tenant compte de ses besoins présents mais aussi futurs. Porter un bébé aujourd'hui, c'est lui permettre d'acquérir la confiance en soi et la sérénité dont il aura besoin tout au cours de sa vie.

Qu'est-ce que la pédagogie Pikler Lóczy ?

L'ouvrage *Lóczy ou le maternage insolite*[79] nous apprend que l'Institut Pikler, appelé « Lóczy », est une pouponnière créée en 1947, rue Lóczy à Budapest, en Hongrie. Celle-ci est devenue célèbre grâce à sa pédagogie innovante, établie par sa directrice, la pédiatre Emmi Pikler, qui a mis en place des conditions d'accueil bien différentes de celles de l'époque. Elle avait pour objectif de concevoir « *pour ces tout-petits un environnement stable, fiable et prévisible comme assise indispensable à la sérénité physique et psychique dont un bébé a besoin pour déployer ses forces pour grandir*[80]. »

L'un des grands principes de sa méthode était « l'activité libre et autonome » de l'enfant. En effet, Emmi Pikler avait une grande confiance en la capacité des jeunes enfants à découvrir, parcourir et se développer, de façon autonome. Elle avait pressenti que « *au travers de l'exercice de cette activité spontanée, le*

---

79. David, M., et Appell, G., *Lóczy ou le maternage insolite*, 1re édition, 1973. Paris : éditions du Scarabée. 2e édition, 2008. Toulouse : Érès, coll. « 1001 BB ».
80. http://www.pikler.fr/Annexes/Emmi_Pikler_Loczy/La_pouponniere_Loczy/Le_prendre_soin

bébé est en vérité le moteur, l'animateur de la progression de son développement global : psycho-moteur, cognitif, psychique[81] ».

De nos jours, les apprentissages des enfants sont souvent guidés et induits par l'accompagnement, bien trop souvent hâtif et intrusif, de l'adulte. Il n'est pas rare de voir des parents ou des professionnels faire marcher des nourrissons d'à peine quelques mois sur leurs deux jambes à peine toniques ou installer de très jeunes bébés en position assise. Ces actions sont souvent pleines de bonnes intentions mais manquent cruellement de connaissances théoriques et de démarche pédagogique.

Activité libre et autonome, ce qu'il faut retenir

« *Chaque petit pas précédant et préparant le suivant dans un processus continu et dans un ordre donné*[82] ». Il n'est donc nullement nécessaire de précipiter les choses dans nos pratiques professionnelles. Comme le dit le proverbe, « tout vient à point à qui sait attendre », faisons donc confiance aux capacités des enfants !

L'activité spontanée du bébé joue un rôle essentiel dans son développement. Le bébé prend du plaisir et ressent un

81. http://www.pikler.fr/Annexes/Emmi_Pikler_Loczy/Emmi_Pikler/La_motricite_libre
82. *Ibid.*

grand intérêt à exercer son activité spontanée. Il part ainsi à l'aventure. Ne le privons pas de cette joie de découvrir par lui-même, cela ne nous écarte pas pour autant de la vie de l'enfant, car il aura toujours besoin de quelqu'un pour partager son bonheur, il ne tient qu'à nous d'être présents à ce moment-là.

Il est important de respecter toutes les manifestations spontanées du bébé, l'ordre et le rythme de leur apparition, la continuité de ce processus dont le bébé est auteur et acteur. Il importe de ne pas le contrarier en faisant intrusion. L'enfant avance à son rythme et respecter cela est une marque de confiance de notre part envers lui…

« *L'activité motrice libre et spontanée permet au bébé de ne pas être assujetti à l'adulte, et de faire alors l'expérience de ses capacités, de construire ses compétences, d'intégrer des connaissances et de développer sa pensée*[83] ». Si l'enfant prend pour habitude de faire les choses par lui-même, de tomber, de se relever, d'appréhender les dangers et de les éviter, alors il développera une certaine connaissance de ses propres compétences.

La maîtrise de la motricité a une influence sur la personnalité de l'enfant. En effet, celui-ci gagne en assurance et en

83. http://www.pikler.fr/Annexes/Emmi_Pikler_Loczy/La_pouponniere_Loczy/La_construction_psychique

confiance. Cela ne signifie pas qu'il ne tombe jamais, mais qu'il est davantage capable de se relever et de faire preuve de prudence. C'est en expérimentant, en avançant à tâtons que l'enfant prend confiance en ses capacités et qu'il découvre ses limites. Un enfant qui apprend à marcher va d'abord expérimenter la position debout, la stabilité, puis le balancement. Cet apprentissage demande du temps et de l'entraînement. Chute après chute, l'enfant se relève et ne se décourage pas. À nous donc, en tant que professionnels, de croire en lui au moins aussi fort que lui-même. Il peut y arriver, mais il a besoin de nos encouragements, de notre regard rassurant et bienveillant porté sur lui.

Et il est préférable de proposer à l'enfant trois espaces de vie ayant chacun une fonction bien distincte : un espace pour le soin, un autre pour les activités et un dernier pour le repos.

Les bébés qui ne bénéficient pas d'un aménagement spatial satisfaisant pour expérimenter leur motricité, dès que cela leur est possible, peuvent très rapidement se désintéresser de ce qui les entoure et céder à l'apathie. Ainsi, nous comprenons mieux toute l'importance de l'accompagnement professionnel. Nous ne sommes pas de simples spectateurs, nous sommes garants de la possibilité offerte à l'enfant d'évoluer dans un milieu matériel et affectif propice à son activité libre et autonome.

Relation et interactivité entre adulte et enfant

La seconde notion clé de la méthode Lóczy est la place toute particulière accordée à la relation enfant/professionnel.

La place et le rôle du professionnel peuvent se définir ainsi :

– le professionnel entretient une certaine distance envers les enfants durant les activités. En effet, il va préférer être dans l'observation plutôt qu'intervenir dans le jeu de l'enfant. Cette attitude **d'observateur empathique** vise à sécuriser l'enfant, à lui permettre de faire ses propres expériences, de façon autonomc, mais sous le regard bienveillant et sécurisant de l'adulte. Ainsi, grâce au contact visuel et verbal, le professionnel est toujours présent afin d'accueillir les manifestations et émotions de l'enfant ;

– la relation entre l'enfant et le professionnel est beaucoup plus profonde, développée et en lien avec l'individualité de chacun lors des temps de soins. Le professionnel accorde, là aussi, une grande importance à l'observation. Cela lui permet de mieux comprendre l'enfant dont il s'occupe, car il se montre attentif aux gestes de celui-ci, à ses positions, à sa voix. Il est accordé beaucoup de temps aux **soins**, c'est un **moment privilégié** que l'on ne doit pas presser ou brusquer. Le professionnel prend le temps de parler à l'enfant, de lui expliquer ce qui va se passer, de prendre en compte sa réaction. C'est durant les moments de soins que la relation enfant/professionnel se tisse peu à peu et que la sécurité affective de l'enfant se construit. C'est donc un moment clé.

Ce n'est qu'après avoir profité d'un temps de soins individualisés que l'enfant est installé dans un espace de jeu libre. Geneviève Appell et Myriam David nous expliquent que « *l'attention donnée pendant les soins est la garantie d'un niveau d'échange indispensable, mais suffisant pour que l'enfant ne sombre pas dans l'inaffectivité ni dans le syndrome d'insatisfaction affective*[84] ».

84. *Ibid.*, p. 60.

La pédagogie Lóczy, mon expérience[85]

« *Pour moi, la pédagogie Lóczy est la façon de penser l'accompagnement qui se rapproche le plus de ma pratique professionnelle. Elle est, selon moi, d'abord et surtout, une façon de penser, de théoriser et de donner du sens à mes interactions avec l'enfant. J'ai pu concevoir l'observation autrement que comme de la passivité car il s'agit, en fait, d'un accompagnement sécurisant qui respecte le besoin de liberté de l'enfant. J'ai appris à adapter ma pratique qui était bien trop dans "le faire" et trop peu dans "l'être avec". J'ai appris à prendre le temps de rencontrer l'enfant dans des moments que j'avais pour habitude de précipiter. Bien trop souvent, l'institution nous amène à faire vite au détriment des enfants qui, eux, ont besoin de temps pour se développer et grandir. La pédagogie Lóczy me rappelle, chaque jour, qu'en tant que professionnelle, je me dois d'agir de façon réfléchie et, avant tout, dans l'intérêt de l'enfant.* »

Conseils de mise en pratique

- Former des petits groupes d'âges similaires ;
- proposer des espaces adaptés (coins soins, repos et activités) et du matériel à la disposition des enfants ;

85. Témoignage de Marine Albano, un des coauteurs de ce manuel.

- dès que l'âge de l'enfant le permet, privilégier les sorties pour favoriser le développement des relations sociales ;
- ne pas intervenir dans les expériences libres de l'enfant ;
- lors des soins, tout expliquer à l'enfant et le laisser participer (principe de la « pédagogie coopérative[86] ») ;
- considérer l'enfant comme « comprenant ».

De nos jours, la pédagogie Pikler Lóczy est largement connue et utilisée dans le milieu professionnel de la petite enfance. De plus en plus de structures adoptent la notion d'activité libre et autonome pour la mettre en place avec les enfants qu'elles accueillent. Afin d'en apprendre davantage sur cette méthode, nous vous recommandons vivement la lecture de Geneviève Appell et Myriam David.

86. http://web.ac-toulouse.fr/automne_modules_files/pDocs/public/r11846_61_pedagogie_cooperative.pdf

QU'EST-CE QUE L'ÉDUCATION POSITIVE ?

D'où vient-elle ?

L'éducation positive est un courant mondial apparu aux États-Unis dans les années quatre-vingts et prôné par des psychologues reconnus, comme Thomas Gordon ou Aletha Solter. En France, des psychologues essaient, depuis les années quatre-vingt-dix, de la faire connaître auprès des parents, en écrivant des livres sur le sujet. Cependant, ce n'est qu'en 2012 que cette méthode commence réellement à se faire une place en France. Les auteurs les plus connus se nomment Isabelle Filliozat, Catherine Gueguen ou encore Adele Faber.

De quoi s'agit-il ?

L'éducation positive est une méthode qui s'appuie sur le « renforcement positif[87] » et met l'accent sur les points forts de l'enfant et sur ses bonnes actions. Ainsi, l'enfant est encouragé

87. Procédé qui augmente la probabilité de répétition d'un comportement. Burrhus Frédéric Skinner (1904-1990) fut le premier psychologue à en étudier les effets. http://www.edu.gov.mb.ca/m12/frpub/enfdiff/comp_positif/docs/6_renforcement.pdf

à reproduire et développer de bons comportements, au quotidien.

La base de la méthode

L'éducation positive repose, entre autres, sur l'idée fondamentale selon laquelle il est important de pouvoir fixer des limites, mais avec la contribution de l'enfant. Sur le site des *Supers parents*[88], Isabelle Filliozat va même encore plus loin en remettant en question la notion de limites :

« *Je ne dis pas qu'il ne faut pas de limites, mais simplement que ce ne sont pas les limites que nous imposons à l'enfant qui le sécurisent. La parentalité positive s'appuie sur la théorie du lien d'attachement, qui explique que, ce qui sécurise le plus l'enfant, c'est l'amour et l'attention que lui portent ses parents, ainsi que la structure du temps et de l'espace qu'ils organisent autour de lui, les règles et les consignes claires et non les "interdits et limites*[89]" ».

La méthode de l'éducation positive va davantage amener l'enfant à comprendre et retenir ce qu'il est permis de faire

88. *Cf.* site Internet de Camille et Olivier, deux parents qui souhaitent diffuser les idées de l'éducation positive : http://www.les-supers-parents.com/
89. *Cf.* interview d'Isabelle Filliozat sur le site Internet des *Supers parents* : http://www.les-supers-parents.com/faut-il-poser-des-limites-ou-pas-les-precisions-d-isabelle-filliozat

plutôt que de mettre l'accent sur ce qui est interdit. Au lieu de frustrer l'enfant en lui imposant radicalement des interdits et des limites, nous pouvons l'aider à comprendre et apprendre à respecter des règles et des consignes fermes et claires.

Une méthode trop permissive ?

Fixer des règles et des consignes à un enfant est indispensable pour son développement, mais cela est loin d'être une tâche toujours évidente.

L'éducation positive s'oppose à celle qui inflige des punitions, des paroles humiliantes, voire des gestes et des actions qui auront pour but de supprimer lesdits « mauvais comportements » de l'enfant. Ces pratiques, que nous connaissons, sont courantes : fessée, mise au coin, isolement ou encore dévalorisation verbale. Les méthodes trop autoritaires ou, à l'inverse, trop laxistes positionnent l'enfant et son parent dans des rôles d'adversaires. En effet, si le parent arrive à imposer son autorité, il sera le « vainqueur », alors que s'il se laisse déborder, il sera le « perdant ». Et dans chacune de ces situations, le perdant éprouve, bien évidemment, de la rancœur envers l'autre.

L'éducation positive, que les parents et les professionnels peuvent découvrir notamment grâce à des conférences, des lectures ou des ateliers, cherche donc à apporter une alternative à ces méthodes habituelles, en stimulant certaines compétences chez l'enfant.

En effet, l'éducation positive lui offre l'occasion de développer des qualités fondamentales qui vont lui permettre d'évoluer dans une relation de confiance et de complicité avec les adultes qui s'occupent de lui. Le respect des règles n'en sera, de ce fait, que facilité.

Ces qualités développées par l'enfant sont, comme le cite l'association « Discipline Positive[90] » :

- l'estime de soi ;
- la coopération ;
- l'autodiscipline et le sens des responsabilités ;
- la patience ;
- l'empathie et la compassion ;
- le respect de soi et des autres ;
- la curiosité intellectuelle ;
- le courage d'être imparfait ;
- la recherche de solutions ;
- le dialogue efficace ;
- le contrôle de soi ;
- l'honnêteté ;
- la politesse ;

Une des idées fondamentales de l'éducation positive est donc de « *fournir aux enfants des ressources plutôt que des limites*[91] », comme le décrit Isabelle Filliozat. Ces ressources vont les rendre plus à même d'affronter le monde, de

90. *Cf.* site Internet de l'association « Discipline Positive France » : http://www.disciplinepositive.fr/?page_id=1520

91. Filliozat, I., (2015) Préface. *In* D., Siegel, T., Payne-Bryson, (Dir.) *Le cerveau de votre enfant*. Paris : Les Arènes.

comprendre comment vivre en société, de construire une relation riche et épanouissante avec leurs parents et les personnes qui les entourent...

La pédiatre Catherine Gueguen[92] affirme que l'éducation bienveillante est une méthode validée par les neurosciences qui démontrent que le cerveau de l'enfant est immature et

92. *Cf.* références de son ouvrage en fin de chapitre.

fragile. En effet, jusqu'aux environs de 6 ans, l'enfant, du fait de cette immaturité, n'est pas en capacité d'analyser et de prendre du recul sur ses émotions et sur les situations qu'il vit. Aussi, demander à un enfant de réfléchir tout seul dans un coin revient-il à inhiber la maturation de son cerveau. Les recherches en neurosciences nous aident donc à comprendre qu'il est préjudiciable, pour le bon développement du cerveau de l'enfant, de le menacer ou le punir.

Une attitude chaleureuse, empathique et bienveillante aide à la maturation du cerveau de l'enfant. En effet, lorsque l'adulte accompagne l'enfant et l'aide à apaiser ses émotions ainsi qu'à se sécuriser, différentes parties du cerveau de ce dernier se développent :

- le cortex préfrontal qui est en charge de développer sa capacité à l'empathie, à aimer et à gérer ses émotions ;
- l'hippocampe qui occupe une place centrale dans l'apprentissage et la mémoire.

Les interactions avec les adultes ont donc un impact important dans la structuration du cerveau de l'enfant. Un enfant souvent isolé, ne pouvant comprendre ni analyser la nature de ses émotions, qui plus est, n'ayant pas l'occasion d'être écouté, devient peu résistant au stress et possiblement plus agressif.

Les attitudes à adopter

Voici quelques attitudes propres à l'éducation positive :

- mettre des mots sur les émotions des enfants (« *Tu es triste/ fâché/ déçu/ en colère/ dégoûté/ tu as eu peur...* ») ;
- apaiser l'enfant par le ton de la voix et l'attitude, par des contacts physiques ;
- favoriser la solution à la punition ;
- favoriser la coopération ;
- fixer des règles fermes et claires ;
- formuler des phrases sans employer de négation (plutôt que « *Ne cours pas !* », il est possible de dire « *Nous pouvons marcher ensemble jusqu'à l'école* ».)

Pour conclure, nous dirions que l'éducation positive consiste a faire preuve de fermeté, tout en restant bienveillant à l'égard de ce que vit et ressent l'enfant. Cette méthode conçoit la notion d'autorité sans principe de soumission ou de supériorité de l'un ou de l'autre. Il ne s'agit pas d'être trop permissif ou laxiste mais de savoir et pouvoir dire « non », tout en restant cohérent et sécurisant pour l'enfant.

Pour approfondir le sujet, nous vous recommandons ces ouvrages :

- Filliozat, I., (1999) *Au cœur des émotions de l'enfant*. Paris : J.C. Lattès ;
- Gueguen, C., (2014) *Pour une enfance heureuse : repenser l'éducation à la lumière des dernières découvertes sur le cerveau*. Paris : Robert Laffont ;
- Faber, A., et Mazlich, E., (2012) *Parler pour que les enfants écoutent, écouter pour que les enfants parlent*. Saint-Martin-de-Ré : Éditions du Phare.

Quelle théorie de l'intelligence chez Jean Piaget ?

Jean William Fritz Piaget est né à Genève en 1896. Il était biologiste, psychologue et épistémologue. Il est connu, entre autres, pour ses travaux en psychologie du développement et en épistémologie.

Selon Jean Piaget, la pensée humaine se construit petit à petit, lorsque l'humain, et en particulier l'enfant, entre en contact avec ce qui l'entoure. Jean Piaget s'est posé diverses questions sur la pensée de l'enfant et de l'adulte, sur les structures de pensée ainsi que sur la vision du monde de l'enfant.

Il a commencé par observer ses propres enfants, dès leur plus jeune âge. Puis dans un cadre expérimental, il a interrogé des enfants et émis des hypothèses. Enfin, il a vérifié ses données en généralisant sur un nombre d'enfants plus conséquent. Ainsi, il a pu établir l'une de ses plus grandes théories, à savoir la théorie de l'intelligence.

Jean Piaget distingue quatre stades de l'intelligence :

– le stade de l'intelligence sensori-motrice[93] ;

93. D'après le dictionnaire *Larousse* (*cf.* site internet : http://www.larousse.fr), le terme« sensori-motrice » signifie « qui concerne à la fois les phénomènes sensoriels et l'activité motrice, ou leurs interactions. »

– le stade de l'intelligence pré-opératoire ;

– le stade des opérations concrètes ;

– le stade des opérations formelles.

L'intelligence sensori-motrice

Ce stade dure de 0 à 2 ans. L'intelligence du nourrisson, puisque celui-ci n'est pas encore en mesure de pouvoir parler, est essentiellement basée sur l'action de son corps sur le milieu dans lequel il évolue. Ses actions sont le résultat de réussites et d'échecs. Durant ce stade expérimental, l'enfant tâtonne, différemment selon son âge.

Voici les six phases d'expérimentation du bébé :

0-1 mois	**Exercice des réflexes** L'enfant tète tout ce qui s'approche de sa bouche. Il n'y a pas encore de coordination entre son action et les informations liées à ses sens.
1-4 mois	**Réactions circulaires primaires** Une réaction circulaire est une action répétée. L'enfant reproduit une action apparue par hasard et qui a été une source de plaisir (gazouillis, saisissement d'un objet, balayage du regard).
4-8 mois	**Réactions circulaires secondaires** Le bébé commence à se différencier de l'objet. Il commence à comprendre qu'il peut avoir un effet sur un objet (lien de causalité). Ce sont les prémices de l'intentionnalité.
8-12 mois	**Coordination des schèmes secondaires** L'enfant a compris qu'il pouvait agir sur le milieu, il expérimente diverses situations. Il recherche constamment l'objet. C'est le début de la permanence de l'objet.
12-18 mois	**Réactions circulaires tertiaires** L'enfant est un expérimentateur. Il modifie volontairement son comportement pour en observer les conséquences afin d'observer des variations sur le milieu.
18-24 mois	**Résolution de problèmes par représentation mentale** L'enfant devient capable de résoudre des problèmes. L'imitation différée fait son apparition et l'enfant acquiert totalement la permanence de l'objet

L'intelligence pré-opératoire

Elle se développe durant la période de 2 à 7 ans. La nouveauté de cette période réside dans l'émergence de la fonction symbolique. Elle se traduit par plusieurs conduites :

– l'imitation différée ;

– le jeu symbolique ;

– le dessin ;

– l'image mentale (acoustique, tactile, olfactive, visuelle, gustative), telle que les souvenirs olfactifs d'une fleur, gustatifs d'un mets, etc. ;

– le langage.

L'enfant accède aux images mentales, il peut parler d'images non présentes, mais les connaissances qu'il a sur le monde ne sont pas organisées de façon logique, elles sont très égocentrées. Lorsqu'on lui parle de maison, il ne perçoit que sa propre maison à lui, les autres n'existent pas. Et il ne peut distinguer la fiction de la réalité.

Le stade des opérations concrètes

L'enfant a alors entre 7 et 11 ans. Il se sociabilise et devient capable d'envisager des événements qui peuvent survenir en dehors de sa propre vie. Il commence à créer des raisonnements logiques, il conçoit les modifications et la réversibilité.

Le stade des opérations formelles

C'est la période s'étendant de l'âge de 11 ans à l'âge adulte. Cette période va être caractérisée par cinq éléments : le passage du concret à l'abstrait, le passage du réel au possible, la prévision des conséquences à long terme, la logique déductive et la résolution systématique des problèmes. Vers l'âge de 11 ans, l'enfant ne peut plus se contenter d'une logique concrète, il ressent le besoin d'établir des hypothèses, des raisonnements et, comme le dit Jean Piaget, « *il devient donc capable de tirer les conséquences nécessaires de vérités simplement possibles, ce qui constitue le début de la pensée hypothético-déductive ou formelle*[94] ».

L'ordre des périodes est le même pour tous les enfants et le fonctionnement cognitif est lui-même similaire pour chaque enfant appartenant à une même période. Lors d'un passage à une période supérieure, les structures cognitives et les connaissances déjà acquises sont intégrées, cela se nomme « l'emboîtement hiérarchique ».

---

94. Piaget, J., (1966) *La psychologie de l'enfant.* Paris : Puf, coll. « Que sais-je ? », p. 105.

Nous tenons à préciser que les âges de passage d'un stade à un autre présentés précédemment sont basés sur une moyenne.

Quelle théorie de développement chez Henri Wallon ?

Henri Wallon, né en France en 1879, est un psychologue, politicien et docteur en médecine. Après la guerre, il a centré ses recherches sur la psychologie de l'enfant perturbé et la psychomotricité.

Dans sa thèse[95], la psychologue Isabelle Zafrany nous explique que l'œuvre de Henri Wallon est centrée sur les processus de développement de l'enfant résultant d'une articulation entre le biologique et le social. Il explique : « *Je n'ai jamais pu dissocier le biologique du social, non pas que je les croie irréductibles l'un à l'autre, mais par ce qu'ils me semblent chez l'homme si étroitement complémentaires dès la naissance qu'il est impossible d'envisager la vie psychique autrement que sous la forme de leurs relations réciproques*[96] ».

95. Thèse publiée sur le site internet de l'université de Lyon2 : http://theses.univ-lyon2.fr/documents/lyon2/2014/zafrany_i#p=0&a=top
96. Wallon, H., (1951) Post-scriptum en réponse à M. Piaget, Cahiers internationaux de sociologie, 10 : 175-177.

La méthode de Henri Wallon

Mme Huguet[97] nous explique que Wallon entreprend des observations cliniques d'enfants sains et d'enfants troublés. Pour cela, il utilise deux méthodes :

- la méthode longitudinale qui va lui permettre d'observer un ou plusieurs enfants sur une longue durée, à des âges successifs. Ainsi, il pourra comparer l'évolution de chaque enfant ;
- la méthode transversale durant laquelle il étudie des groupes d'enfants d'âges différents afin de les comparer entre eux.

Sa théorie du développement

Pour Henri Wallon, deux facteurs interviennent dans le développement : un facteur biologique et un facteur social. Il propose un système dans lequel coexistent des stades de développement psychomoteur et des stades de développement de la personnalité.

D'après lui, le développement de l'enfant s'effectue de façon discontinue. Le passage d'un stade à un autre provoque des « crises », comme, par exemple, l'opposition ou l'Œdipe. Une fois la crise passée, l'enfant peut effectuer un remanie-

97. *Cf.* début de chapitre précédent.

ment et passer au prochain stade. La crise est donc bénéfique, puisqu'elle permet l'évolution.

Henri Wallon veut rendre compte du développement de l'enfant dans sa totalité. Il ne veut pas isoler l'aspect cognitif de l'affectif.

Les différents stades de développement

Henri Wallon distingue six stades de développement :

- le **stade impulsif pur** (entre 0 et 3-6 mois). À ce stade, ce sont les sensations internes du nourrisson qui dominent. Les facteurs affectifs entretenus avec l'entourage ont également une grande importance. La motricité n'est pas acquise ;
- le **stade émotionnel** (entre 3 et 12 mois). Les gestes commencent à avoir un but, ils expriment un besoin. Les émotions font leur apparition (joie, chagrin, colère et douleur). L'enfant se reconnaît peu à peu dans le miroir ;
- le **stade sensorimoteur et projectif** (entre 1 et 3 ans). L'enfant explore le monde. Il manipule et identifie les objets. L'enfant acquiert peu à peu le langage et les règles de la vie en société. Il y a passage de l'action à la pensée. Le mouvement accompagne les représentations mentales. La pensée est projetée à l'extérieur par le geste. L'enfant mime sa pensée ;

sa pensée est stimulée par l'action. Il y a nécessité pour l'enfant de se projeter dans les choses pour se saisir lui-même. Jalousie et sympathie apparaissent, ainsi qu'une envie de s'auto-admirer et de se faire admirer. C'est la naissance de la capacité symbolique, de la représentation de l'objet ;

- le **stade du personnalisme** (entre 2 et 5 ans). L'enfant affirme sa personnalité. Il utilise le « non » et se différencie d'autrui. L'enfant recherche l'attention des autres, il aime plaire et séduire. Il imite l'adulte ;
- le **stade catégoriel** (entre 5-6 et 11 ans). L'enfant est intéressé par le monde extérieur. Il participe à la vie de plusieurs groupes, les contacts sociaux sont très importants (famille, école, jeu, sport...) ;
- l'**adolescence** (à partir de 12 ans). C'est une crise très aiguë. L'adolescent est en pleine construction identitaire. Il est centré sur lui-même. Il découvre les valeurs sociales, morales, culturelles qui deviendront ses propres valeurs. Il acquiert une grande autonomie.

D'après Henri Wallon, la maladie mentale pourrait être due à une crise non dépassée qui serait devenue permanente.

Qu'est-ce que l'objet transitionnel ?

Pour parler de l'objet transitionnel, nous sommes dans l'obligation de parler de Donald Woods Winnicott. Ce pédiatre anglais, qui a suivi la voie de la psychanalyse pour enfants, a, en effet, élaboré, au début des années cinquante, le concept de l'objet transitionnel.

Qu'est-ce qu'un objet transitionnel ?

Il s'agit, selon Winnicott, d'un objet auquel l'enfant s'attache avec passion. Pourquoi dit-on que cet objet est « transitionnel » ? Parce qu'il est le signe de plusieurs transitions, comme la présence de sa mère puis son absence, le passage du jour à la nuit et vice versa… Plus communément appelé « doudou », il s'agit d'un objet choisi par l'enfant, un objet qui le rassure. C'est pourquoi, il ne prend pas toujours la forme d'un nounours doux et mignon, contrairement à ce que l'on pourrait croire. Un objet transitionnel peut donc tout aussi bien être un petit jouet, un vêtement de la maman ou tout autre chose. Il est à noter que tous les enfants n'ont pas obligatoirement d'objet transitionnel.

L'accompagnement de l'enfant et de son objet transitionnel

Lors de l'arrivée d'un enfant à la crèche, il est important d'accueillir avec lui son objet transitionnel, de savoir le repérer afin d'être à même de le lui apporter, si besoin. Nous nous devons d'être respectueux envers cet objet. Nous n'avons pas le droit de le jeter, de marcher dessus ou encore de le dénigrer face à l'enfant... Il est important de chercher à comprendre ce qu'il représente à ses yeux et d'agir en conséquence.

En structure d'accueil petite enfance se pose souvent la question de la place de l'objet transitionnel au sein des sections. Il est essentiel de réfléchir en équipe pluridisciplinaire à cette place qui a toute son importance au quotidien. Le laisser à disposition de l'enfant tout au long de la journée ? Le lui laisser uniquement lors des temps de repos ou de sommeil ? Avoir une caisse avec tous les doudous ? Avoir des pochettes à doudous personnalisées pour chaque enfant ? Un questionnement indispensable qu'on a tous vécu à un moment ou à un autre. Alors, comment envisager ce « doudou » ? Quelle place lui donner ?

Tout d'abord, il est important, nous semble-t-il, de ne pas prendre l'objet de force ou sans le consentement de l'enfant. Il est plus adapté de laisser cet objet à sa disposition, à sa hauteur, afin qu'il puisse le prendre et le ranger à souhait. Mais rien ne nous empêche d'inviter l'enfant à le poser à certains moments de la journée, notamment lors des repas ou des activités dirigées. Un enfant peut tout à fait entendre que le doudou doit rester dans sa pochette durant le repas, afin qu'il ne soit pas sali, ce qui nécessiterait une « douche pour doudou » et donc un moment sans lui. Ou bien parce qu'il est plus facile de manger sans rien dans les mains… Inviter ainsi l'enfant, en lui expliquant, suffit bien souvent à le voir déposer son doudou quelques instants. Et si cela ne fonctionne pas ? Est-ce si grave, au fond ? On pourra retenter une prochaine fois, car, s'il le garde, c'est qu'il en a besoin, tout simplement.

Si toutefois la question du doudou devient vraiment « problématique » pour l'équipe, mieux vaut-il en discuter avec la famille. Il se peut qu'à la maison, le fonctionnement soit différent, que l'enfant n'ait pas le droit de garder longtemps son doudou, ce qui expliquerait qu'à la crèche, il en ait davantage besoin. Ou à l'inverse, il se peut qu'il ne le prenne jamais à la maison et que dans la structure, il ne le quitte pas. En tout cas, gardons bien à l'esprit que son doudou, c'est l'objet qui le rassure, lors de l'absence de sa maman, il nous faut donc apprendre à vivre – ou plutôt à travailler – avec !

Et du côté des adultes ?

Lorsque nous pensons « doudou » nous viennent immédiatement à l'esprit ces images de peluches, de langes en tissu et autres nounours enfantins, mais savez-vous que nous aussi, les adultes, utilisons bien souvent des objets transitionnels ? Il peut s'agir d'un geste qui nous rassure (sucer son pouce, se caresser les cheveux) ou d'un objet (un téléphone portable, un t-shirt de l'adolescence, une bague fétiche). Ainsi, sans forcément nous en rendre compte, nous cherchons également des choses qui nous rassurent, lors de moments d'angoisse. Nous pouvons donc aisément nous mettre à la place de l'enfant...

Si vous souhaitez en savoir plus, vous pouvez consulter les pages internet suivantes :

- https://www.cairn.info/revue-francaise-de-psychanalyse-2004-2-page-459.htm ;
- http://psychiatriinfirmiere.free.fr/infirmiere/formation/psychiatrie/enfant/therapie/winnicott.htm ;
- http://www.psychologies.com/Culture/Maitres-de-vie/Donald-Woods-Winnicott ;
- https://fr.wikipedia.org/wiki/Objet_transitionnel.

Vous pouvez également vous reporter à cet article : Winnicott, D.W., (1959) Le destin de l'objet transitionnel. *Journal de la psychanalyse de l'enfant, 1*(6) : 17-24.

Qu'est-ce que la communication gestuelle ?

Le concept

La communication gestuelle consiste à utiliser certains gestes de la langue des signes avec le jeune enfant n'ayant pas encore acquis la parole. Ces gestes sont appelés « signes ».

La communication gestuelle ne doit pas être confondue avec l'apprentissage de la Langue des signes française (LSF). Il s'agit seulement de signer quelques mots, alors que la langue des signes constitue une langue à part entière avec sa propre syntaxe.

L'historique

La communication gestuelle avec le jeune enfant est née aux États-Unis avec le concept *Baby signs*. Ce programme s'appuie sur la Langue des signes américaine (LSA), en simplifiant certains gestes afin de les adapter aux capacités motrices de l'enfant.

Dans les années quatre-vingts, un psychologue et interprète en LSA observe que les enfants entendants utilisent les gestes pour communiquer. Il écrit alors une thèse sur ce sujet et crée le concept *Sign with your Baby*.

En 1996, Linda Acredolo et Susan Goodwynn, professeurs de psychologie, développent ce concept et publient leur premier livre *Baby Signs : how to talk with your baby before your baby can talk*[98]. Des ateliers sont mis en place et la communication gestuelle avec le jeune enfant prend de l'ampleur aux États-Unis.

Nathanaëlle Bouhier Charles, Française vivant aux États-Unis, est conquise par le concept qu'elle pratique avec son fils, alors âgé de 10 mois. De retour en France, elle s'associe à Monica Compagnys, formatrice en langue des signes et comédienne, pour créer, en 2005, la première association Signe avec moi, dont le but est de promouvoir ce concept.

Depuis, la communication gestuelle avec le jeune enfant prend de l'ampleur en France. Cette approche est mise en place, petit à petit, dans bon nombre d'établissements de la petite enfance.

Comment mettre en place la communication gestuelle en collectivité ?

98. New York : McGraw-Hill Contemporary, 2009.

Un travail d'équipe, en amont, est nécessaire pour :

- définir dix à vingt mots qui seront signés à chaque fois qu'ils seront prononcés. Parmi les mots le plus fréquemment utilisés, on trouve : maman, papa, travail, changer, eau, encore, jouer, lait, gâteau, content, triste, peur, colère, avoir mal, jardin, jouer/jouet, dormir, interdit ;
- créer un livret listant tous ces mots et les accompagner d'une photo du signe correspondant à leur signification. Ce livret servira de support aux professionnels et aux parents qui le souhaitent ;
- expliquer aux parents le projet mis en place par la structure et leur signifier qu'il ne s'agit pas d'un apprentissage de la langue des signes et que l'utilisation de la communication gestuelle à la maison n'est pas une obligation.

Il est très important de verbaliser chaque mot signé autant de fois qu'il est effectué, car l'enfant entendant a besoin d'entendre les mots pour sa future acquisition du langage. L'adulte doit également veiller à laisser les enfants s'approprier les gestes et les signes à leur façon. En effet, en fonction de leur évolution motrice, les enfants n'ont pas forcément la capacité psychomotrice de les effectuer correctement.

Quel intérêt pour l'enfant ?

Les bénéfices apportés par la communication gestuelle sont conséquents :

- diminution de la frustration. L'utilisation de la communication gestuelle permet à l'enfant d'exprimer ses besoins et de se faire comprendre avant même de savoir parler ;
- développement de la bienveillance. La communication gestuelle s'inscrit dans le contexte d'une communication bienveillante, en respectant le développement de l'enfant ;
- diminution de l'agressivité en collectivité. Les enfants sont plus sécurisés et apaisés, du fait d'être plus rapidement compris.

Une formation obligatoire ?

Même si elle fortement conseillée, la formation à la communication gestuelle avec le tout-petit n'est pas obligatoire pour pouvoir mettre ce projet en place. Vous pouvez vous aider de livres explicatifs ou de sites internet de traduction en langue des signes, tels que « ELIX » ou « SEMATOS ».

Où se former ?

Vous pouvez vous former auprès d'associations, telles que *Bébé, fais-moi signe*[99], *Signe avec moi*[100], et *Signes2mains*[101], ou auprès d'Isabelle Cottenceau[102].

Quelques références

Voici quelques ouvrages sur le sujet :

- Companys, M., et Cottenceau, I., (2009) *Encore ! Jouer, chanter et signer, bébé adore ça !* Villeveque : Monica Companys ;
- Cottenceau, I., (2017) *Les signes avec bébé.* Savigny-sur-Orge : Philippe Duval ;
- Bouhier-Charles, N., Companys, M., (2006) Communiquer par signes avec bébé pour approfondir le lien parent-enfant. Villeveque : Monica Companys ;
- Bouhier-Charles, N., (2014) *Signe avec moi.* Bernex-Genève : Jouvence ;

99. *Cf.* site internet de l'association « Bébé, fais-moi signe » : http://bebefaismoisigne.com/
100. *Cf.* site internet de l'association « Signe avec moi » : http://www.signeavecmoi.com/
101. *Cf.* site internet de l'association « Signe2mains » : http://www.signes2mains.fr/
102. *Cf.* site internet d'Isabelle Cottenceau, formatrice en communication gestuelle : https://www.icottenceau.com/

– Névoltris, S., (2014) *115 signes du quotidien en crèche, à l'école ou à la maison*. Terssac : Un Autre Reg'Art.

Vous pouvez également consulter ces deux sites internet :

– http://www.n.bouhiercharles.com ;

– http://www.languedessignesbebe.com.

Témoignage d'Isabelle Cottenceau[103]

« *Depuis 2009, j'accompagne, sur la France entière, les structures petite enfance et les professionnels qui souhaitent inscrire cet outil de communication dans leur pratique, en utilisant quotidiennement les signes accompagnés de la parole, avec les jeunes enfants accueillis.*

Cet outil permet au professionnel d'accompagner l'enfant dans la reconnaissance de ce qu'il ressent, vit et observe et d'ajuster ainsi sa posture auprès de l'enfant. Il enrichit donc la pratique professionnelle dans une démarche d'attention, d'observation et de bienveillance.

La communication gestuelle est proposée à l'enfant comme un outil complémentaire d'échange et de communication, cette

103. *Ibid.*

proposition permet à l'enfant de choisir de l'utiliser ou non. S'il s'en saisit, cela peut lui permettre d'exprimer ses besoins, ses émotions et tout ce qu'il souhaite partager. Cette pratique a également démontré son intérêt dans le renforcement des acquisitions langagières de l'enfant ainsi que dans sa construction identitaire. Cette communication précoce donne à l'enfant l'opportunité de s'exprimer et le sentiment d'être compris et reconnu.

La formation des professionnels de la petite enfance se déroule sur une ou deux journées et permet aux équipes d'acquérir une cinquantaine de signes et de nombreuses comptines signées. Pour plus d'informations, rendez-vous sur mon site internet : http://www.icottenceau.com ».

Qu'est-ce que le « Parler bambin » ?

De quoi s'agit-il ?

Le « Parler bambin » est une pédagogie visant à développer, dans les structures de la petite enfance, le langage des enfants de 18 à 36 mois et issus de milieux défavorisés.

L'historique

Le concept est élaboré, entre 2006 et 2008, par le médecin chercheur Michel Zorman et les professionnels d'une crèche de la ville de Grenoble, dans un quartier de Zone urbaine sensible.

Entre 2009 et 2014, le concept est appliqué dans plusieurs crèches de Grenoble et de ses alentours.

En 2015, le projet « Parler bambin » reçoit le label « La France s'engage » qui récompense les projets au service de la société les plus innovants.

Depuis 2016, le programme « Parler bambin » est pratiqué dans de nombreuses crèches et fait l'objet de nombreuses études.

Comment mettre en place le « Parler bambin » ?

Avec les tout-petits

Cette méthode de communication se pratique tout au long de la journée, dès l'âge de 3 mois. Il s'agit de capter leur attention, de parler lentement, d'articuler, de faire des phrases courtes, de nommer les choses et de les répéter, de favoriser des temps individuels, de reprendre le babillage en écho, etc.

Avec les enfants de 18 à 36 mois

On parle à l'enfant en employant le « je » et le « tu », on se met à sa hauteur, on favorise les échanges individuels, on demande à l'enfant de nommer les choses, on crée des situations qui sollicitent la parole – servir les assiettes, par exemple –, on encourage l'enfant, par une attitude bienveillante, à s'exprimer, on corrige un mot mal prononcé...

On peut également organiser, avec les enfants de 24 à 36 mois, des ateliers en petits groupes de deux ou trois ayant le même niveau de langage. L'idéal serait que ces ateliers aient lieu deux à trois fois par semaine et qu'ils durent de dix à quinze minutes. Le professionnel choisit un support – un livre ou un jeu – et encourage les échanges verbaux autour de celui-ci. À la fin de chaque séance, il remplit une fiche d'évaluation qui récapitule les mots énoncés par l'enfant et la façon dont il les a prononcés. Cette fiche reste à la disposition exclusive de l'équipe et a pour but de suivre les progrès de l'enfant.

Pour approfondir le sujet, vous pouvez consulter :

– le site internet[104] ainsi que la brochure *La France s'engage*[105]

– le site internet des Éditions de la Cigale : http://www.infos.editions-cigale.com

L'implication des parents

Les professionnels doivent informer les parents de la mise en place du programme « Parler bambin » et de l'éventuelle participation de leur enfant, afin de les sensibiliser à l'importance des échanges verbaux à la crèche, mais aussi à la maison.

Témoignage de Laëtitia C.[106]

« *Dans la structure où je travaille, nous avons mis en place le "Parler bambin", depuis trois ans. Ma structure étant située en zone prioritaire, nous avons été sélectionnés par la municipalité*

104. lafrancesengage.fr
105. Brochure *Le projet de déploiement de Parler Bambin est lauréat de l'appel à projets 2015 « La France s'engage »* : www.solidarites-actives.com /pdf/Ansa_ParlerBambin_Plaquette20151229.pdf
106. Laëtitia C. est agent petite enfance dans un multi accueil, depuis neuf ans.

pour bénéficier de ce projet. Nous mettons en place régulièrement des ateliers à destination des enfants, notamment de ceux qui s'expriment peu à la crèche et de ceux qui sont peu à l'aise en groupe. Les progrès ont été visibles assez rapidement, et ces enfants ont pris de l'assurance et ont progressé dans l'acquisition du langage. De plus, ils investissent davantage le groupe. Nous avons bénéficié d'une journée de formation avec Michel Zorman et d'une autre journée avec les équipes de la structure de Grenoble, ville précurseur du "Parler bambin" ».

Qu'est-ce que le concept Snœzelen ?

De quoi s'agit-il ?

Les espaces « Snœzelen » sont des salles aménagées de façon spécifique pour favoriser les expériences sensorielles, dans une ambiance sécurisante et apaisante. Par ce principe, les cinq sens sont stimulés : l'ouïe, l'odorat, la vue, le goût et le toucher. Le terme « snœzelen » provient de la contraction des mots néerlandais *snuffelen* et *doezelen*, qui signifient respectivement « sentir/explorer » et « somnoler ».

Le professionnel accompagnant se montre bienveillant et respectueux du rythme de la personne stimulée, il veille au bien-être de celle-ci et instaure une relation de confiance.

L'historique

Le concept Snœzelen est né en Hollande, à la fin des années soixante-dix. Il a été créé par deux psychologues, Ad Verheul et Jan Hulseege, qui exerçaient leurs activités dans un institut pour personnes en situation de handicap.

Ce concept est arrivé en France en 1991, à la suite d'un colloque organisé par l'association des « Paralysés de France ».

Depuis, le concept Snœzelen se développe également au profit des personnes âgées et des jeunes enfants ne présentant pas forcément de handicap. Ainsi, depuis plusieurs années maintenant, il est mis en place dans certaines maisons de retraite ainsi que dans certaines crèches.

Quel intérêt pour l'enfant ?

Ces espaces aménagés ont pour objectif de :

- favoriser un moment de détente ;
- permettre à l'enfant d'explorer et d'éveiller ses sens dans un environnement spécifique ;
- favoriser la communication verbale et non verbale ;
- prendre conscience de son corps et de ses sensations ;
- permettre un échange privilégié avec le professionnel accompagnant.

Quelques idées de mise en place

Voici quelques aménagements possibles :

– tapisser les murs et le sol de mousses ainsi que de plaques tactiles de couleurs et de textures différentes ;

– installer des matelas mous, des matelas à eau, des fauteuils, un hamac ;

– mettre à disposition des enfants des jeux sensoriels différents : balles à picots, tissus, jeux lumineux ;

– utiliser des lumières à variations réglables, des tubes à bulles ;

– diffuser des musiques douces : classique, sons de la nature, sons divers.

Il est important que la salle Snœzelen s'inscrive dans le contexte du projet pédagogique de l'établissement, afin de définir des règles précises, communes à tous. Il est également fortement recommandé que les professionnels de l'établissement bénéficient d'une formation, afin de comprendre la démarche Snœzelen et son concept. Le centre Pétrarque propose cette formation, axée sur la petite enfance[107].

---

107. *Cf.* site Internet *Pétrarque* : http://www.formation-petrarque.fr/formation/formation-demarche-snoezelen-petite-enfance

Échange avec Sidonie Fillion[108]

Nous : « ***Quelle est votre parcours professionnel et votre implication dans la méthode Snœzelen ?*** »

Sidonie Fillion : « *Je suis Sidonie Fillion, psychomotricienne diplômée d'État depuis 2005. J'ai toujours travaillé dans la petite enfance (crèche/halte-garderie) et, parallèlement, dans le milieu du handicap (EHPAD – Établissement d'hébergement pour personnes âgées dépendantes – et foyer de vie). J'ai découvert le concept Snœzelen en 2008, lorsque que je travaillais auprès des personnes âgées atteintes de la maladie d'Alzheimer. Mais, à l'époque, je n'étais pas formée et je ne connaissais ni le sens ni les enjeux de ce concept, j'ai donc un peu "bricolé", en m'appuyant sur le peu de textes existants sur le sujet. Un espace Snœzelen est, en fait, un lieu et un temps, où l'on va utiliser la sensorialité afin de partager un moment de détente avec la personne qu'on accompagne, on essaye d'entrer dans son univers en utilisant son mode de communication.*

J'ai donc installé, à moindres frais, une salle Snœzelen, au sein de la crèche où je travaillais, et j'ai commencé à réfléchir sur le sujet. Puis, lorsque j'ai pris mes fonctions dans un foyer pour personnes en situation de handicap psychique, j'ai suivi une formation plus approfondie, proposée par "l'Ordre de Malte

108. *Cf.* sa page Facebook® : Sidonie Fillion psychomotricienne formatrice. Adresse mail : sidonie.fillion@gmail.com

France". Lors des vacations que j'effectuais en crèche, j'ai continué à pratiquer la méthode Snœzelen, à l'aide d'une tente que j'avais fabriquée. Et, depuis deux ans, je sillonne la France pour dispenser des formations sur cette méthode. J'ai créé une formation Snœzelen spécifique à la petite enfance et participé à la création d'un chariot spécialement conçu pour la crèche. Le site internet Pétrarque® propose un chariot de ce type, contenant une colonne à bulles, une fibre optique et un projecteur ainsi qu'un tapis qui se déplie en forme de château fort dans lequel les enfants peuvent entrer ».

Nous : « ***Faut-obligatoirement avoir suivi une formation pour pouvoir encadrer les enfants dans une salle Snœzelen ? Si oui, pourquoi ?*** »

S.F. : « *Je ne pense pas que ce soit obligatoire, mais je pense que c'est nécessaire, au moins sur une journée. Car on a souvent tendance à penser que "Snœzelen" est un espace de stimulations sensorielles et que le matériel est le principal. Cela est un contresens ! Snœzelen est l'utilisation préférentielle de la sensorialité comme moyen de communication – car c'est le moyen de communication et de relation au monde privilégié par l'enfant – afin de partager un moment de bien-être dans un environnement sécurisant* ».

Nous : « **Quels conseils pouvez-vous donner pour aménager au mieux une salle Snœzelen ? Où acheter le matériel ?** »

S.F. : « *Comprendre, en premier lieu, que le matériel est nécessaire mais secondaire, que c'est avant tout le type de relation que l'on va établir avec l'enfant qui est importante. L'adulte rejoint celui-ci dans son univers, qui est essentiellement fait de sensations et d'émotions, et c'est le matériel qui va l'y aider.*

Lorsqu'on veut installer un espace Snœzelen dans un établissement d'accueil du jeune enfant, plusieurs possibilités s'offrent à nous, en fonction de l'espace disponible :

– *une tente Snœzelen® repliable et modulable contenant du matériel à piles (projecteur tortue, fibres optiques, boules lumineuses, sac à odeurs, etc.) ;*

– *un chariot Snœzelen® contenant une colonne à bulles, des fibres optiques, un projecteur ainsi que le matériel de la tente cité ci-dessus ;*

– *une salle Snœzelen® contenant les mêmes éléments que le chariot et aménagés en fonction de l'espace à disposition.*

Je déconseille l'utilisation des rideaux à LED et du vidéoprojecteur dans les crèches, car ils créent des lumières qui peuvent donner mal à la tête – c'est le cas pour le rideau étoilé – et faire écran à la relation.

On peut trouver du matériel Snœzelen® chez les fournisseurs Pétrarque®, Haba®, Nenko®, Hoptoys®, principalement, mais cette liste n'est pas exhaustive ».

Le cadre

Comment gérer la communication au sein d'une équipe ?

Pour répondre à cette question, nous allons nous appuyer à la fois sur les connaissances transmises lors de la formation d'éducateur de jeunes enfants et sur les informations reçues lors d'une formation spécifique[109] sur deux jours.

Une définition

Communiquer, c'est transmettre, partager, faire savoir quelque chose à quelqu'un pour qu'il en prenne connaissance[110] .

Lorsque nous communiquons, nous entamons, avec l'autre, une relation interpersonnelle dans laquelle nous échangeons des informations. La communication implique, au minimum, deux personnes :

– l'émetteur, qui transmet l'information ;

109. *Favoriser la communication d'équipe*, formation reçue en interne dans un groupe de crèches privées, en juin 2015.

110. Synthèse des différentes définitions données par le site Internet des éditions Larousse : http://www.larousse.fr

– le récepteur, qui reçoit l'information.

Il ne suffit cependant pas de communiquer pour que se crée un dialogue. En effet, pour qu'un dialogue entre deux personnes puisse exister, le récepteur doit :

– entendre le message ;

– comprendre le message ;

– analyser le message.

Ce n'est qu'à l'issue de ces trois étapes qu'une réponse peut être élaborée et qu'une véritable communication peut donc être établie.

D'où viennent les problèmes de communication ?

Nous sommes des êtres de langage. Il est donc normal de communiquer entre nous. Néanmoins, il est parfois difficile de nous comprendre.

En effet, lorsque le récepteur reçoit un message, il va l'interpréter selon :

– ses représentations ;

– ses résonances émotionnelles ;

– ses implications affectives.

La complexité du langage est de faire exister ce qui n'est pas présent. Lorsque nous parlons, nous faisons appel à des images abstraites qui ne seront pas les mêmes pour tous.

Le langage désigne la réalité par un mot.

Ce mot fait signe, c'est-à-dire qu'il désigne la chose.

Ce signe donne un signifiant, c'est-à-dire qu'il donne du sens à ce mot.

Lorsque nous associons le signifiant avec le signifié, cela donne une représentation au mot.

Tout ce cheminement peut créer des malentendus, puisque :

- nous interprétons souvent ce que nous entendons ;
- nous prêtons à l'autre ce qui est notre propre perception de la situation ;
- nous entendons ce que nous avons envie d'entendre.

Comment simplifier la communication ?

Comme nous l'aurons compris, nous sommes tous différents, ce qui rend la communication complexe. Elle n'est cependant pas impossible. Il faut savoir composer avec la différence de l'autre pour enrichir cette communication.

Pour cela, mieux vaut bien avoir à l'esprit que :

– lorsque nous voulons parler avec une personne, nous nous devons d'établir une relation de confiance ;

– le plus important n'est pas ce que nous disons mais ce que l'autre entend. Il ne faut donc pas hésiter à préciser les mots ou les reformuler, lorsque nous remarquons que l'autre n'a peut-être pas la même notion des mots que nous ;

– nous ne devons pas oublier que, lorsque nous disons quelque chose, cela correspond à notre réalité. Il est donc inutile de l'imposer à l'autre.

S'amuser de nos différences

Ces petits jeux, au sein de l'équipe, nous permettent de nous rendre compte que nous sommes très différents dans nos représentations des mots et dans nos perceptions de certaines situations.

Premier jeu

Présenter une situation – « prendre trop de temps pour se préparer », par exemple – à laquelle chacun doit répondre en écrivant, de façon chiffrée, ce que cela représente pour lui. Pour la situation donnée en exemple, certains répondraient peut-être « quinze minutes », d'autres « trente minutes », etc.

Voici une petite liste d'exemples de situations à proposer :

- un temps de trajet trop long, pour aller au travail ;
- bien gagner sa vie ;
- se lever tôt, pour aller travailler ;
- avoir un peu de retard ;
- une longue réunion ;
- une voiture chère ;
- faire souvent du sport.

Une fois toutes les réponses notées, chacun lit à haute voix la sienne. Le but de ce jeu est de prouver aux professionnels d'une équipe qu'ils peuvent avoir des notions différentes des choses. En effet, certains considèrent que se présenter avec dix minutes de retard est exagéré, tandis que d'autres pensent qu'avoir vingt minutes de retard est tolérable.

Deuxième jeu

Choisir une photo et demander à tous les participants de s'aligner. Montrer la photo pendant dix ou vingt secondes, puis la cacher. Demander aux participants d'écrire ce qu'ils ont vu et ce à quoi cela les a fait penser.

Ensuite, demander à chacun de dire ce qu'il a écrit. Il se peut bien que là où une personne aura vu une vielle dame assise dans un café, par exemple, une autre aura vu une dame dans un train... Il ne faut surtout pas remontrer la photo, afin d'éviter toute frustration ou tout débat, le but de ce jeu n'étant pas de savoir qui a raison ou qui a tort mais de démontrer que nous pouvons avoir une perception différente d'une même situation.

Ces deux jeux sont vraiment efficaces pour nous faire prendre conscience que nous n'avons absolument pas la même perception et la même représentation des choses.

Par ailleurs, la communication étant un besoin important de l'être humain, il est indispensable de prendre en compte les facteurs qui la rendent difficile, afin de modifier notre façon de transmettre les informations et de rendre ainsi la communication plus simple.

Comment gérer une situation de conflit entre collègues ?

Travailler à plusieurs induit obligatoirement des désaccords, des conflits, des divergences d'opinions, etc. Cela s'explique par le fait que l'autre est souvent si différent de soi qu'il est presque impossible de le comprendre.

Commençons par définir la notion de conflit. Un conflit est une « *violente opposition de sentiments, d'opinions, d'intérêts*[111] ». Une formation[112] de deux jours sur ce thème a permis à l'une d'entre nous de collecter de nombreuses informations que nous allons, à notre tour, vous restituer.

La place de l'institution dans les conflits

Que nous travaillions dans une structure privée, municipale ou associative, nous faisons tous partie d'une institution. Or, lors d'un conflit, l'institution a une grande importance.

L'institution, pour la résumer en quelques mots, c'est :

---

111. *Cf.* site Internet des éditions Larousse : http://www.larousse.fr

112. *Favoriser la communication d'équipe*, formation reçue en interne dans un groupe de crèches privées, en juin 2015.

– un lieu avec un cadre ;

– un groupe de personnes ;

– la notion de hiérarchie, comme garant des règles à respecter et à appliquer ;

– la définition de métiers (auxiliaire de puériculture ou éducateur de jeunes enfants) ;

– des buts communs ;

– des valeurs communes.

Le conflit général dans une équipe

Toute une équipe peut entrer en conflit, et ce pour différentes raisons : l'organisation (horaires, plannings, etc.), la répartition des tâches ou encore les divergences d'opinion sur la façon de faire avec les enfants.

On peut commencer par se baser sur l'institution, pour essayer de résoudre le désaccord. Pour cela, on se réfère :

– au garant de l'institution (directeur, responsable) qui aura un rôle de tiers ;

– aux textes qui regroupent les valeurs et buts communs de l'institution (projet éducatif et projet pédagogique) ;

– au règlement intérieur que chaque personne a signé à son entrée dans l'institution.

Prendre attache auprès de l'institution permet de se protéger et de prendre du recul, afin de ne pas prendre les choses trop à cœur.

Le conflit personnel avec un collègue

Nous sommes parfois en réel désaccord avec les pratiques professionnelles d'un collègue et aimerions lui en parler. Comment s'y prendre ? Ce n'est jamais évident de s'opposer à quelqu'un, car nous ne savons pas toujours comment procéder pour ne pas le vexer.

Lorsque nous faisons un reproche à une personne, nous projetons sur lui ce que nous sommes. Si nous trouvons une personne trop lente, par exemple, c'est parce que nous ne le sommes pas. Ce n'est donc qu'une question de point de vue, de perception : ce qui est évident pour nous ne l'est pas forcément pour les autres.

Avant de montrer son désaccord à quelqu'un, mieux vaut donc se poser plusieurs questions :

– Pourquoi son comportement m'énerve-t-il à ce point ?
– Ce comportement a-t-il un réel impact sur la qualité de son travail ? Sur la prise en charge des usagers ?
– Ce comportement peut-il avoir un impact sur le travail d'équipe ?

Après avoir répondu à ces questions, nous nous rendons souvent compte que notre reproche est fondé sur notre ressenti, nos propres exigences et notre vécu. Nous pouvons désamorcer ce conflit en questionnant l'équipe sur le ressenti de chacun.

Toutefois, si nous ressentons toujours le besoin d'aller parler à notre collègue, voici quelques règles à suivre pour que cela se passe au mieux :

– éviter tout reproche devant une tierce personne. Cela risque, en effet, de mettre notre collègue mal à l'aise et de l'empêcher d'entendre notre demande, puisqu'il sera sur la défensive ;
– ne pas disqualifier la personne directement. Si nous voulons lui signaler son manque d'organisation, par exemple, plutôt que de lui dire : « *Tu n'es vraiment pas organisé, ce n'est plus possible !* », mieux vaut-il essayer de le questionner. On peut lui demander : « *Tout à l'heure, je n'ai pas compris pourquoi tu as agi ainsi. Est-ce que tu pourrais m'expliquer ? J'aimerais comprendre.* », puis écouter sa réponse attentivement,

sans lui couper la parole, même si ses explications ne nous conviennent pas. Cette première étape peut nous aider à mieux comprendre notre collègue. Nous pouvons, ensuite, lui expliquer notre raisonnement et peut-être trouver un terrain d'entente. Dans le cas d'un désaccord d'organisation, on peut se référer à des écrits existants, comme le document présentant la journée-type pensée en équipe, par exemple.

– ne surtout pas le disqualifier en utilisant la conjonction « QUE ». En effet, dire d'une personne qu'elle n'est « que ceci » ou « bonne qu'à cela », c'est l'enfermer dans un rôle.

Le conflit fait partie des relations humaines. Il est donc vraiment important de savoir le gérer avec bienveillance.

Comment gérer les situations de stress auprès des enfants ?

D'après le site internet *Larousse*[113], le stress est un « *état réactionnel de l'organisme soumis à une agression brusque* ».

Le stress fait partie de notre quotidien et est un réel facteur d'épuisement professionnel. Lors d'un colloque sur la gestion du stress[114], l'une d'entre nous a pu recueillir de précieuses informations, que nous allons synthétiser ici.

113. http://www.larousse.fr

114. *Le bien-être des professionnels de la petite enfance*, colloque Zo&Ki, janvier 2015 à Paris.

Les différentes sources de stress

S'occuper d'enfants n'est pas un métier comme les autres, car c'est un métier à mi-chemin entre l'intime et le professionnel. Pourquoi l'intime ? Parce qu'inconsciemment, nous nous occupons des enfants avec nos valeurs personnelles. Mais, comme pour tout autre métier, nous devons nous montrer professionnels, c'est-à-dire nous positionner avec une juste distance.

Il existe souvent un écart entre nos idéaux et la réalité du terrain, ce qui crée un conflit interpersonnel, c'est-à-dire que nous pensons une chose mais devons en appliquer une autre.

L'environnement dans lequel nous travaillons est parfois source de sur-stimulations : les pleurs, les bruits en continu, les lumières artificielles, etc.

Travailler avec l'humain, d'une manière générale, est stressant, on peut parfois en venir à ressentir un épuisement émotionnel.

Si nous sommes stressés, les enfants le ressentent, car ils sont de véritables « éponges ». Il nous faut donc impérativement atténuer ce stress et faire de la section (la salle de vie) un environnement serein. Pour cela, nous pouvons agir sur deux contextes : les contextes humains et matériels.

Le contexte humain

Voici quelques clés pour créer un climat serein :

- **former des petits groupes le plus souvent possible**. Si les enfants se retrouvent en plus petits groupes, ils seront plus calmes, ce qui générera moins de stress chez eux et chez nous ;
- **parler doucement**. L'adulte est comme le chef d'orchestre de la section. S'il parle fort, les enfants auront également un volume sonore élevé, et inversement ;
- **limiter les déplacements** dans la section. Plus les adultes sont en mouvement, plus cela génère du stress chez les enfants, qui se mettront, à leur tour, en mouvement. Il faut donc se placer à des endroits stratégiques qui nous permettent d'avoir une vue d'ensemble sur la section ;
- **penser les moments de transitions**. Ces moments-là provoquent toujours des pics de stress chez les enfants. À nous donc de les anticiper et de les ritualiser, afin que les enfants puissent se les approprier ;
- **prévoir à l'avance** le déroulement de la journée. Si nous savons quoi faire à tel moment, cela évite les déplacements et les situations de stress causées par le manque d'organisation ;

– **éviter la musique** en fond sonore, dans les sections. Les enfants créent déjà suffisamment de bruit. Et comme nous l'avons vu plus haut, le bruit est un facteur de stress.

Le contexte matériel

Il est important de prêter attention :

– aux **variations de températures**. Si la température est trop basse ou trop élevée, cela crée de l'inconfort. Il faut également veiller à **renouveler l'air** et donc à aérer les salles régulièrement ;

– à la **quantité de jouets** à disposition des enfants. Lorsque les enfants ont trop de jouets, ils n'arrivent plus à jouer. De plus, une salle « en bazar » peut être un facteur de stress pour nous, adultes. Trouvons donc le juste milieu et proposons des jouets en quantité suffisante et en lien avec l'intérêt des enfants ;

– aux **cachettes**. Installer pour les enfants des endroits où se cacher leur offre la possibilité de s'échapper de la collectivité, de s'isoler pour se recentrer sur eux-mêmes ;

– à l'**éclairage.** La diffusion de la lumière par les néons, tout au long de la journée, peut fatiguer le cerveau et donc créer du stress. Pensons donc à les éteindre pour favoriser la luminosité extérieure qui, parfois, peut tout à fait suffire. On peut également utiliser des lumières intermédiaires.

Comment combattre l'épuisement professionnel ?

Nous pouvons le combattre :

- en essayant de **cultiver le plaisir au quotidien**, en se rappelant les raisons du choix de notre métier, en faisant, chaque jour, avec les enfants, une activité qui nous procure du plaisir (chanter une chanson qu'on aime tout particulièrement, raconter une histoire, etc.) ;
- en **évitant le cumul des activités**, en prenant son temps pour chaque chose que l'on fait, car chaque chose est importante, en réalité.
- en **se rendant utile**, mais sans se penser irremplaçable !
- en profitant de l'instant présent.

Si les professionnels s'efforcent de mettre en place un environnement où le stress n'a pas sa place, les enfants pourront, alors, être sereins, eux aussi. Mais, pour cela, il est nécessaire de travailler, avant tout, sur notre stress d'adulte, afin de ne pas le transmettre aux enfants.

La relaxation ludique

La relaxation ludique permet d'accompagner les enfants à prendre conscience de leur respiration et de leur corps et, donc, de les aider à se recentrer. Pour cela, il existe des petits jeux à faire avec eux :

- des jeux de postures de yoga (imiter l'arbre, la montagne, faire l'arc-en-ciel, etc.). À chaque posture, les faire respirer et souffler. Il existe des livres[115] qui nous aident à mettre en place ce type d'ateliers ;
- organiser des « Jacques a dit… », ce qui permettra à l'enfant de se concentrer sur les parties de son corps et l'aidera à les identifier et les nommer ;
- autoriser les enfants à crier. On peut, par exemple, leur dire : « *Quand la lumière est allumée, vous pouvez crier. Dès que j'éteins la lumière, vous faites le silence* ». Cela leur permet de décharger toutes les tensions accumulées.

Il est important de prendre conscience que le stress existe dans notre métier, afin de le combattre et d'accueillir les enfants le plus sereinement possible. L'enfant n'a pas à subir le stress de l'adulte, la collectivité est déjà un facteur suffisamment stressant pour l'enfant.

115. Billet, M., (2009) *Mon premier livre de yoga*. Paris : Nathan.
Choux, N., Diederichs, G., (2008) *Comptines de relaxation, 2-4 ans*. Paris : Nathan.
Whitford, R., Selway, M., (2005) *Le yoga des petits*. Paris : Gallimard.

Qu'est-ce qu'une fiche de poste d'EJE ?

Une définition

La fiche de poste est un outil de communication sur les missions et activités confiées aux salariés, selon leur environnement de travail. On pourrait définir la fiche de poste comme la carte d'identité d'un emploi, précisant les caractéristiques de celui-ci.

La fiche de poste n'est absolument pas obligatoire et n'a aucune valeur juridique. Elle est uniquement un outil de management :

Du côté du responsable	**Du côté du salarié**
Elle permet : – d'établir, de façon objective, les tâches à accomplir pour chaque emploi ; – d'assurer les entretiens d'évaluation individuelle ; – d'avoir un appui lors des recrutements.	Elle permet : – de savoir avec exactitude pour quelles fonctions et missions il est embauché ; – de connaître les savoir-être et savoir-faire attendus pour son poste.

Le contenu d'une fiche de poste[116]

Apparaissent sur la fiche de poste.

1- La présentation générale de la situation de travail et de ses conditions d'exercice. Dans ce paragraphe, sont notamment mentionnés :

– l'intitulé du poste,

– les corps et grades ciblés,

– le(s) programme(s) LOLF (Loi organique relative aux lois de finances) concerné(s),

– la situation géographique,

– les responsabilités exercées (encadrement, responsabilités juridiques ou réglementaires...),

– les moyens alloués (humains, financiers, matériels),

– les contacts.

2- Les éléments relatifs au contenu et au contexte du poste, à savoir :

– les missions et activités afférentes au poste,

116. Selon le site internet du gouvernement Cedip : http://www.cedip.developpement-durable.gouv.fr/les-contenus-et-l-utilisation-d-une-fiche-de-poste-a46.html

– le positionnement au sein de la structure,

– les renseignements utiles sur l'unité elle-même, son organisation, ses enjeux,

– la situation fonctionnelle,

– l'appartenance à un réseau de métiers,

– la contribution à des activités mutualisées.

3- Les éléments relatifs aux compétences et ressources requises pour l'exercice des missions et activités, c'est-à-dire :

– les qualités, aptitudes, expériences, niveau de qualification et/ou de compétences principales,

– les expériences professionnelles souhaitées,

– les évolutions probables du poste...

Deux exemples de fiche de poste

Exemple 1 : fiche de poste d'EJE d'une structure privée d'accueil petite enfance

Sur cette fiche de poste, est précisé, en entête, l'intitulé de la fonction – éducateur de jeunes enfants – et, à la suite, la classification – employé.

La fiche de poste se poursuit par la description de ce qu'il est attendu de l'employé. Pour cela, trois items sont développés.

1- La fonction :

– l'accueil et les transmissions,

– l'hygiène,

– la sécurité,

– l'éveil et les soins,

– le travail d'équipe,

– la spécificité du rôle de l'EJE.

2- La responsabilité :

Dans ce paragraphe, sont décrites les différentes responsabilités qu'un professionnel a à assumer, dans cette structure, mais également les responsabilités plus spécifiques au poste d'EJE.

3- Les compétences :

Ici sont décrites les compétences globales à avoir, en tant que professionnel de la petite enfance, puis les compétences plus spécifiques au métier d'EJE.

Exemple 2 : fiche de poste d'EJE d'une structure spécialisée

Métier : éducateur de jeunes enfants.

Qualification requise : diplôme d'État d'Éducateur de Jeunes Enfants.

Liaison hiérarchique : sous l'autorité des chefs de services et directeurs d'établissement.

Liaison fonctionnelle : médecin, psychologue, kinésithérapeute, orthophoniste, moniteur-éducateur, aide médico-psychologique, aide-soignant, agent d'entretien.

Missions du poste : l'éducateur de jeunes enfants est un travailleur du secteur médico-social. Il peut lui arriver de travailler dans un établissement spécialisé dans l'accueil d'enfants en situation de handicap. Dans ce cas, ses missions peuvent différer de celles appliquées en crèche.

Projets d'établissement et projets personnalisés :

– responsable de la rédaction et de la mise en place des projets personnalisés, l'éducateur de jeunes enfants est porteur de la dimension éducative et du sens à donner à l'accompagnement de jeunes enfants en situation de handicap ;

– il participe à l'élaboration du projet d'établissement ;

– il anime et met en œuvre les activités éducatives ;

– il met en œuvre les activités et stratégies éducatives ;

- il impulse une dynamique socio-éducative et veille à la cohérence et à la mise en œuvre des protocoles éducatifs sur le groupe, les adapte aux besoins de développement des capacités cognitives, relationnelles et communicationnelles des enfants concernés ;
- il organise et anime les ateliers éducatifs ;
- il développe et anime des activités manuelles, artistiques et culturelles ainsi que des activités d'éveil ;
- il évalue le déroulement et les effets des activités menées dans le cadre du projet éducatif ;
- il formule un avis sur le choix des matériels éducatifs.

Gestion de la relation avec les parents :

- en tant qu'interlocuteur privilégié des familles, l'éducateur de jeunes enfants assure une qualité de la communication et de la relation de coéducation ;
- il organise les conditions d'accueil de l'enfant et de sa famille ;
- il accueille les parents dans le respect des cultures et des coutumes ;
- il conduit les entretiens avec les familles.

Participation aux soins d'hygiène, de confort et de bien-être des enfants :

- l'éducateur de jeunes enfants analyse les besoins des enfants ; il crée et instaure les conditions du bien-être de l'enfant ;
- il établit des relations éducatives avec les enfants ;
- il repère les signes de mal-être physique (dû aux appareillages de certains enfants, par exemple) ou psychique chez l'enfant, et en informe le responsable de la structure.

Formation et encadrement des stagiaires :

- l'éducateur de jeunes enfants transmet et partage ses connaissances avec les stagiaires ;
- il accompagne et forme les stagiaires.

Gestion administrative en collaboration avec les responsables des structures :

- l'éducateur de jeunes enfants rédige des écrits professionnels (comptes rendus, observations...) ;
- il soumet les projets d'activités au chef de service, pour validation, et il rédige les bilans d'activité.

Compétences et aptitudes requises :

- connaissance et expérience dans l'accompagnement de personnes en situation de handicap ;
- capacités à travailler en équipe pluridisciplinaire, à impulser ou à participer à une réflexion collective ;

- capacité à prendre la distance suffisante pour appréhender une situation éducative, l'analyser et proposer une réponse adaptée ;
- expériences et capacités de travail avec les familles ;
- sens des responsabilités et des initiatives ;
- engagement dans le projet institutionnel ;
- maîtrise de l'écrit ;
- pratique usuelle de l'informatique (traitement de textes, tableur...) ;
- connaissances des droits de l'enfant et de la famille ;
- connaissances des protocoles d'hygiène et de sécurité ;
- pratique de méthodes d'observation et d'écoute active ;
- capacité à gérer les conflits ;
- mise en place de techniques de jeux et d'activités ;
- compétences en management et encadrement des professionnels dont il a la responsabilité ;
- fonctionnelle (planning, horaires, pédagogie...).

Profil :

- disponibilité ;
- réactivité ;

– organisation ;

– méthodologie ;

– sens du travail en équipe ;

– sens du relationnel ;

– capacités d'adaptation.

Évolutions possibles

Les professionnels expérimentés ont accès à des formations complémentaires afin de se reconvertir. Après quelques années d'expérience, ils peuvent assumer la direction d'une équipe ou d'une structure. Cela leur est possible en préparant :

– le CAFERUIS (Certificat d'aptitude aux fonctions d'encadrement et de responsabilité d'unité d'intervention sociale) ;

– le CAFDES (Certificat d'aptitude aux fonctions de directeur d'établissement ou de service d'intervention sociale) ;

– le DEIS (Diplôme d'État d'ingénierie sociale).

Pourquoi observer le jeune enfant ?

Dans les structures d'accueil du jeune enfant, il existe plusieurs outils d'observation, tels que les feuilles de rythmes, les journaux de bord ou encore les fiches anecdotiques. Ces outils sont généralement utilisés de façon quotidienne ou hebdomadaire. Ils ont souvent pour but de noter des événements marquants ou bien de transmettre des informations aux parents.

Mais l'observation est un exercice complexe dont le but est d'analyser et de comprendre certains comportements. Elle exige de prendre du recul par rapport au travail effectué quotidiennement et ne peut s'improviser. L'observation doit être planifiée, réfléchie et nécessite une méthodologie bien précise.

Dans quel but ?

On peut être amené à observer un enfant pour diverses raisons :

– valider une hypothèse émise sur un enfant ;

- répondre à une problématique. Lorsqu'un professionnel rencontre une difficulté avec un enfant, il va essayer de le résoudre. Pour ce faire, il doit mener des observations afin de trouver une solution au problème ;
- observer un moment en particulier, dans le but d'étudier et d'analyser le mode de fonctionnement d'un enfant, d'apprendre à le connaître et d'adapter son accompagnement professionnel.

Observer les enfants est une pratique indispensable, même en l'absence de problème ou d'hypothèse à vérifier. C'est l'un des fondements de l'action éducative. On ne peut pas agir sans avoir observé, au préalable. Lorsque nous rencontrons un enfant pour la première fois, lorsque nous sommes nouveaux dans une structure ou bien lorsque nous devons monter un projet, nous passons obligatoirement par l'observation pour construire notre pensée, pour savoir par où commencer. Or l'enfant est le point de départ, puisque nous sommes là pour travailler avec lui.

Plus concrètement, l'observation permet :

- d'exploiter les différentes dimensions du développement de l'enfant (développement moteur, intellectuel, langagier, socio-affectif et psychique) ;

– de déterminer le niveau de développement de l'enfant ;

– d'organiser le rythme des journées en fonction des besoins de l'enfant ;

– de déterminer les difficultés et les forces de l'enfant ;

– de construire des interventions éducatives ciblées ;

– de comprendre la fonction d'un comportement en particulier ;

– de faire preuve d'objectivité.

Comment observer ?

Dans son article sur l'observation et la documentation des enfants[117], l'Aféseo (Association francophone à l'éducation des services à l'enfance de l'Ontario) nous explique comment observer.

Observer ne s'improvise pas, cela demande un cadre, de la disponibilité et le choix d'une méthodologie.

Il existe plusieurs méthodes d'observation :

- **l'observation libre**. Elle est généralement spontanée et à l'initiative d'un professionnel qui juge qu'une situation intéressante vient de se présenter ;
- **l'observation participante**. Elle consiste à s'intégrer dans une relation de jeu avec l'enfant. Elle permet d'étudier la réaction et les comportements de l'enfant suscités par l'intervention et la présence de l'adulte ;
- **l'observation non participante**. C'est probablement l'observation qui offre le plus d'objectivité. En effet, cette méthode d'observation consiste à interférer le moins possible dans le jeu ou les relations de l'enfant. Esther Bick[118], qui l'a utilisée

117. http://afeseo.ca/wp-content/uploads/2013/04/Observation.pdf
118. Psychanalyste polonaise, vivant en Angleterre, qui a longuement travaillé sur l'observation des nourrissons dans leur univers familial.

à des fins psychanalytiques, exige que « *l'observateur ne fasse aucune interprétation ni remarque critique ou déplacée et ne donne pas de conseils*[119] ». L'observateur doit se fondre dans le décor et se faire le plus discret possible. En n'étant pas impliqué dans la situation à observer, il va pouvoir prendre du recul ;

- **l'observation continue**. Il s'agit d'observer un comportement sur une période donnée. La fréquence d'observation varie en fonction de ce que l'on souhaite observer. Elle permet de distinguer un comportement habituel, répétitif ou bien, au contraire, de constater une évolution ;
- **l'observation provoquée**. Il s'agit de recueillir les données ressortant d'une situation où l'enfant est invité à effectuer une action.

Quel outil ?

Dans l'observation, la prise de notes est indispensable, afin de relever toutes les informations importantes.

On peut distinguer plusieurs méthodes, plus ou moins efficaces et rapides :

119. Delion, P., (2014) *L'observation du bébé selon Esther Bick*. Paris : Erès, coll. « 1001 bb ».

– la **méthode compilatoire**, qui consiste à énumérer, à l'aide de tirets, ce qui est observé de façon factuelle :

– se met à quatre pattes,

– attrape la balle avec une main, etc. ;

– la **méthode fonctionnelle**, qui classe ce qui est observé, sous forme de tableau et de répartition par domaines de compétences. Pour cela, la page est divisée en trois colonnes. Dans la première, on trouve les mots-clés, dans la deuxième, les données et connaissances, et dans la troisième, l'avis personnel, l'analyse ;

– la **méthode de la phrase-formule**, qui consiste à prendre des notes sous forme de phrases courtes et numérotées. Cela permet de développer l'esprit d'analyse ;

– la **méthode en arborescence**, qui se présente sous forme de schémas et permet de visualiser le cheminement de la pensée et de mettre en avant les relations logiques.

D'autres techniques encore peuvent être utilisées, comme la grille à cocher qui demande un travail en amont mais permet un gain de temps durant l'observation. Ou bien des questions ciblées mais ouvertes qui permettent de recentrer l'observation sur ce que l'on est venu chercher.

Comme nous l'avons déjà dit, observer est un processus complexe qui demande beaucoup d'attention mais permet de récolter des données riches de sens. Il n'est pas rare, durant une observation, d'être surpris et de redécouvrir des enfants que l'on pensait, pourtant, bien connaître. Esther Bick conseille, d'ailleurs, aux observateurs « *d'oublier leurs théories et de faire "tabula rasa" [table rase] de leurs connaissances pour être dans un état qui permet de se laisser surprendre par de l'inattendu*[120] ». Sans oublier que toute observation doit être analysée et interprétée, de préférence par l'ensemble d'une équipe pluridisciplinaire, afin de donner du sens aux données recueillies et d'adapter sa pratique professionnelle pour la rendre la plus juste, fine et personnalisée possible.

120. *Ibid.*

Comment préparer son entretien d'embauche ?

L'entretien d'embauche est le premier contact que nous avons avec le recruteur, il tient donc une place primordiale. Mieux vaut s'y présenter en étant bien préparé !

En début d'entretien, le recruteur commence généralement par nous demander de nous présenter, de parler brièvement de notre parcours et de nos expériences. Il importe de se montrer synthétique, de mettre en avant les différents postes occupés auparavant et de parler de ses éventuelles spécialisations.

Le recruteur pose ensuite diverses questions afin de jauger si nous sommes la personne qui lui convient pour ce poste.

Parler de soi

« *Qu'est-ce qui motive votre désir de travailler dans le milieu de la petite enfance ?* »

C'est une question récurrente à laquelle on doit être en capacité de répondre clairement. Dans le cas contraire, le recruteur serait en droit de se poser des questions sur le caractère sérieux de notre candidature. Le récit d'une anecdote ou d'expériences professionnelles/personnelles qui nous ont donné envie de travailler dans le milieu de la petite enfance sera toujours très apprécié. Mieux vaut s'appuyer sur quelque chose de concret, pour ne pas risquer de se perdre dans des explications philosophiques vagues et sans fin. On peut également parler d'expériences plus récentes qui ont été bénéfiques pour nous et qui sont venues valider notre désir de travailler dans cette branche.

« Parlez-moi d'une de vos meilleures expériences professionnelles. »

Il y a toujours des structures, des groupes d'enfants ou des équipes dans lesquelles on se sent bien et dans lesquelles on vit des expériences professionnelles enrichissantes. Il s'agit, là, de sélectionner les moments les plus pertinents, en expliquant ses propres missions et ses actions. Il ne faut pas hésiter à mettre en avant ses compétences, ses qualités, et à expliquer en quoi cela a pu être enrichissant pour soi.

« Parlez-moi de l'une de vos expériences qui a le moins bien fonctionné. Et expliquez-moi pourquoi. »

Nous avons tous vécu de mauvaises expériences, pour diverses raisons, mais l'essentiel, en ce qui concerne notre réponse, sera de montrer que nous avons pris du recul par

rapport à cette expérience et que nous avons cherché à comprendre pourquoi cela n'avait pas fonctionné. Et se montrer capable de présenter quelques pistes d'amélioration possible sera un atout indéniable. Cela montrera que nous avons su tirer bénéfices de cette situation.

« Quels sont vos projets professionnels ? »

Cette question se présente souvent sous cette forme : « *Comment vous voyez-vous dans trois ans ? Dans cinq ans ?* ». Elle permet au recruteur d'évaluer notre aptitude à nous projeter dans notre vie professionnelle. Elle permet d'apprécier nos projets de spécialisation, de formations diplômantes et, en d'autres termes, d'envisager le professionnel que nous comptons devenir.

« Comment vos collègues de travail vous décrivent-ils ? »

Il s'agit de décrire brièvement ses traits de caractères, ses points forts et ses points faibles, dans l'exercice de ses fonctions. L'objectif du recruteur est d'entrevoir comment nous nous positionnons au sein d'une équipe.

Parler de la structure

« Que savez-vous de notre crèche/structure ? »

Après s'être renseigné, au préalable, on présente brièvement les missions de la structure, sa taille, son nombre de berceaux et de salariés ou encore sa date d'ouverture. Montrer que l'on s'est intéressé à la structure pour laquelle on postule est un point très positif.

« Que pensez-vous du projet pédagogique, dans une structure ? »

Le projet pédagogique tient une place importante dans une structure. Il est à l'image du fonctionnement et des pratiques professionnelles. Toutes les crèches sont différentes et ce de par leurs projets pédagogiques. Une structure va, par exemple, axer son accompagnement sur l'activité libre et autonome, alors qu'une autre va davantage développer l'imagination et la création. Parler des projets de nos anciennes structures peut être très apprécié. Pour vous aider, nous vous recommandons l'ouvrage de Josette Serres intitulé *Les pratiques pédagogiques des crèches, à l'appui de la recherche*[121].

---

121. Serres, J., Rameau, L., (2016) *Les pratiques pédagogiques des crèches à l'appui de la recherche.* Savigny-sur-Orge : Philippe Duval.

Mise en situation

« Parlez-moi des activités que vous pourriez proposer à un enfant de moins d'1 an. »

Cette question a pour but d'apprécier la qualité de nos expériences passées ainsi que notre connaissance du développement du nourrisson. Un enfant de moins d'1 an sera dans la découverte de ce qui l'entoure, dans l'apprivoisement de sa motricité globale et dans le développement de la relation avec l'adulte et ses camarades. Nous pouvons donc lui proposer un espace de jeu libre, sur un tapis offrant un assortiment de jouets sensoriels (ballons, objets sonores et visuels, par exemple).

« Que pensez-vous du doudou ? Doit-on le donner à un enfant qui le réclame ? »

Cette question va permettre au recruteur de tester nos connaissances ainsi que notre esprit critique. En effet, l'utilisation du doudou peut être complètement différente d'une crèche à une autre, on doit se montrer capable de justifier sa pratique professionnelle, en s'appuyant sur des idées concrètes et théoriques.

« Comment réagiriez-vous face à un parent agressif ? »

Face à un parent agressif, il n'est pas toujours simple de garder son calme, et pourtant dans le cadre de l'exercice de nos fonctions, nous nous devons d'essayer de prendre du recul, de faire preuve de distance, afin d'apaiser le conflit. Il va de soi que l'on peut faire appel à sa direction pour désamorcer une telle situation, ou bien faire appel à une personne ressource.

Bien entendu, les questions posées, lors d'un entretien, varient d'un recruteur à l'autre, mais cela n'empêche pas de s'y préparer. Nous devons toujours garder à l'esprit que nos expériences professionnelles sont nos meilleurs atouts. Et que le but est de réussir à se démarquer et à prouver à notre recruteur que c'est nous qu'il doit embaucher plutôt qu'un autre.

Bonne chance à tous !

La bonne distance professionnelle existe-t-elle ?

Accueillir et accompagner, chaque jour, des enfants qui ne sont pas les siens n'est pas une mission toujours simple et celle-ci demande beaucoup de professionnalisme.

Dans le cadre de notre travail au quotidien auprès de jeunes enfants, nous sommes amenés à établir une relation avec eux. Nous les accompagnons dans le développement de leur sécurité affective et de leurs émotions. Notre travail nous amène donc à avoir des relations rapprochées et intimes avec ces enfants.

De même, notre rôle de coéducation nous amène à entretenir une relation avec les familles des enfants. Nous accueillons les parents avec leurs questions, leurs doutes, leurs mécontentements et leurs besoins de soutien. Il n'est pas toujours simple de faire constamment face à des familles en demande.

Afin de rester disponible, physiquement et émotionnellement, il est nécessaire, pour le professionnel, de travailler sur cette notion de distance professionnelle, et plus précisément sur la distance qu'il doit garder vis-à-vis des enfants et de leur famille, afin de les préserver et de se préserver lui-même.

Que signifie « la distance professionnelle » ?

Dans le *Larousse*[122], on peut trouver différentes définitions se rattachant au mot « distance » :

– « *garder ses distances, s'arranger pour ne pas être concerné par quelque chose, dégager sa responsabilité de quelque chose, ou éviter toute familiarité avec quelqu'un* » ;

– « *tenir quelqu'un à distance, se tenir à distance, ne pas laisser approcher quelqu'un de soi ou lui ôter tout prétexte de familiarité, ne pas se mêler de quelque chose* ».

L'exercice de notre travail nous demande beaucoup d'implication au quotidien. Une implication physique mais pas seulement, une implication émotionnelle, également. Et, comme pour tout ce qui est en lien avec les émotions, il n'est pas toujours facile de se maîtriser. Il n'est pas rare, en tant que professionnel, d'être touché par une situation, que ce soit celle d'un enfant malade, d'une famille qui se déchire ou d'une conversation houleuse. Dans ces moments-là, nous pouvons nous sentir envahis par une multitude d'émotions, comme la peur, la colère ou encore l'anéantissement. Il nous devient,

122. *Cf.* site internet des éditions Larousse : http://www.larousse.fr

alors, difficile de continuer à accompagner les enfants et leurs familles, de façon objective et professionnelle.

La « bonne distance » consiste donc à pouvoir mettre en place une protection entre l'usager et soi-même afin de ne pas entrer dans une relation affective trop intense ou fusionnelle et de rester en mesure de relativiser et de rationaliser les situations.

Qu'est-ce que l'implication distanciée ?

L'implication distanciée consiste à trouver le juste milieu entre l'implication et la distanciation. Comme nous l'explique l'ouvrage *Relation d'aide et implication distanciée*, « *paradoxalement, je me distancie pour mieux écouter, donc pour mieux me rapprocher d'autrui et je m'implique pour mieux me distancier de lui en exprimant un point de vue divergent*[123] ».

L'implication distanciée met l'accent sur les bienfaits de la prise de distance, souvent perçue comme un éloignement froid. Pascal Prayez nous explique, dans son ouvrage *Distance professionnelle et qualité du soin*, qu'il « *y a une juste distance à vivre dans la relation d'aide professionnelle, mais [que] ce terme est piégé, car il est trop souvent entendu au sens d'une distance*

123. Germain-Thiant, M., Gremillet-Parent, M., (2015) *La relation à l'autre. L'implication distanciée*. Lyon : Chronique sociale, p. 20.

froide et banalisant la souffrance d'autrui[124] ». Travailler sur la notion de distance va, en réalité, permettre au professionnel d'accueillir et d'accompagner les enfants et leur famille de façon plus objective et empathique. L'implication distanciée a donc parfaitement sa place dans l'approche bienveillante et professionnelle de l'accompagnement.

L'empathie, un outil de distanciation ?

Le psychologue Carl Rogers nous parle de l'empathie en nous expliquant que « *percevoir de manière empathique, c'est percevoir le monde subjectif d'autrui, comme si on était cette personne, sans jamais perdre de vue qu'il s'agit d'une situation comme si*[125] ».

Contrairement à l'empathie, si on fait preuve de sympathie ou bien de compassion dans l'accompagnement d'une personne, on risque fort de ne pas garder assez de distance vis-à-vis d'elle et de ne pas pouvoir réellement lui venir en aide. En effet, la sympathie induit que nous partagions complètement le vécu émotionnel de la personne, ce qui peut nous

124. Prayez, P., Sliwka, C., (2009) *Distance professionnelle et qualité de soin*. Rueil-Malmaison : Lamarre, p. 1.

125. Rogers, C., & Marian-Kinget, G., (1973) Psychothérapie er relations humaines. *Théorie et pratique de la thérapie non-directive*. Louvain/Paris : Publications universitaires de Louvain/Béatrice Nauwelaerts, p. 197.

rendre vulnérables et subjectifs. Et lorsque nous compatissons, nous avons tendance à souffrir avec l'autre et donc à paralyser nos compétences professionnelles et à perdre totalement notre objectivité.

La « bonne distance » professionnelle consiste à savoir accueillir les émotions des personnes que l'on accompagne, afin d'être en mesure de les aider de façon objective et cohérente, mais consiste également à se préserver soi-même des émotions que cet accompagnement peut déclencher chez nous. Un professionnel en colère, par exemple, ne sera pas complètement apte à accompagner une famille dans le besoin.

Trouver la « bonne distance » ou bien faire preuve d'implication distanciée n'est pas inné. Cela demande de s'appuyer sur ses expériences, d'analyser les situations qui nous entourent ainsi que les émotions qu'elles peuvent provoquer en nous. Toutefois, la norme de la « bonne distance » n'existe pas. Il appartient donc à chaque professionnel d'instaurer sa propre distance et de poser ses propres limites avec les personnes accueillies.

Qu'est-ce que la bientraitance ?

L'historique

Ce concept a pris son essor au début des années deux mille, mais il trouve son origine dans des pratiques déjà bien ancrées autour du soin de l'enfant.

C'est dans le courant des années quatre-vingt-dix que le terme « bien-traitance » a pris naissance, au sein d'un comité de pilotage appelé « opération pouponnière ». À l'époque, l'orthographe de ce néologisme était quelque peu différente, puisque celui-ci était agrémenté d'un trait d'union, signe du lien *entre tous ceux qui prenaient part à la démarche : lien parents/enfants/professionnels, lien entre les courants pluridisciplinaires.*

Danielle Rapoport, qui a longtemps exercé la profession de psychologue et qui est la fondatrice de l'association « Bientraitance, formation et recherche : naître, grandir, se construire », illustre ce nouveau concept par un proverbe chinois très ancien : « *les parents ne peuvent donner que deux choses à leurs enfants, des racines et des ailes* ». Ce proverbe met en avant l'importance des premiers liens de l'enfant et celle de la sécurité de base qui lui permettra de se construire, de faire des expériences et de devenir de plus en plus autonome. Elle ajoute également que la « *bientraitance tisse une trame subtile autour de l'enfant : la construction de son identité et de son sentiment d'exister est inséparable du respect des stades de son développement, de son histoire, de l'accompagnement de ses parents et du soutien des professionnels qui l'entourent*[126] ».

« *L'opération pouponnière* » visait l'humanisation de l'accueil de très jeunes enfants. Elle *était considérée comme une démarche novatrice qui proposait « de mieux prendre en compte l'ensemble des souffrances à l'œuvre : celles des enfants, celles des parents et, en écho, celles des professionnels*[127] ».

Quel lien existe entre bientraitance et maltraitance ?

Depuis sa création, et encore aujourd'hui, il n'est pas rare que la bientraitance soit opposée à la maltraitance, c'est-à-dire « *au comportement volontaire malfaisant, suscité par le désir d'induire du malheur*[128] ». Or, le lien entre ces deux termes est bien plus complexe, en réalité. En effet, quand il y a absence de

126. Golse, B., (2006) La bientraitance interrogée. *In Enfance majuscule 87-89* : p. 9-10.
127. Rapoport, D., (2006) *La bien-traitance envers les enfants. Des racines et des ailes.* Paris : Belin, p. 20.
128. *Petit Larousse*, 2001.

bientraitance, il n'y a pas, aux yeux de la loi, nécessairement maltraitance ; et réciproquement.

Cependant, comme nous pouvons le lire dans les recommandations de bonnes pratiques professionnelles rédigées par l'Anesm (Agence nationale de l'évaluation et de la qualité des établissements et services sociaux et médico-sociaux), utiliser le terme de bientraitance permet aux professionnels « *de garder la mémoire et la trace de la maltraitance. Ainsi, la bientraitance, démarche volontariste, situe les intentions et les actes des professionnels dans un horizon d'amélioration continue des pratiques, tout en conservant une empreinte de vigilance incontournable*[129] ».

Quid des « douces violences » ?

Des gestes brusques, des paroles maladroites, un manque d'attention, des jugements, autant d'actes qui paraissent anodins mais mettent l'enfant dans une situation « d'insécurité affective ». Bien souvent, l'adulte n'agit pas dans le but de nuire, toutefois l'enfant subit ces moments décalés et inadaptés comme de « douces violences ». C'est ce que Christine Schul essaye de mettre en lumière dans son ouvrage intitulé *Vivre en crèche, remédier aux douces violences*[130].

129. Anesm (2008) *La bientraitance : définition et repères pour la mise en œuvre*. http://www.anesm.sante.gouv.fr
130. Schuhl, C., (2003) *Vivre en crèche, remédier aux douces violences*. Lyon : Chronique sociale.

Nombre de petits actes de notre quotidien professionnel peuvent être apparentés à de « douces violences » : parler à sa collègue pendant le change d'un enfant, parler au-dessus de la tête des enfants, forcer un enfant à finir son repas ou encore faire une remarque désobligeante sur la famille d'un enfant, en sa présence. Ces comportements peuvent relever d'un relâchement professionnel, d'un manque cruel d'organisation institutionnelle mais également d'un non-savoir éducatif. Les « douces violences » ne sont pas reconnues comme des maltraitances et ne sont pas légalement répressibles. Toutefois, il est évident qu'elles ne relèvent, en aucun cas, d'un accompagnement bientraitant de l'enfant. Nous dirions même qu'elles se situent à l'opposé.

Maltraitance et « douces violences » sont donc des attitudes à chasser des lieux d'accueil des jeunes enfants. La notion de bientraitance met en avant l'importance de considérer l'enfant comme un être de langage, avec des affects et des capacités, de lui donner l'opportunité de participer à son développement, de devenir acteur, dans chaque moment de sa vie quotidienne. Mais, avant tout, un professionnel bientraitant est un professionnel qui se veut bienveillant envers l'enfant et entreprend un travail de réflexion, chaque jour, à chaque heure. Car être bientraitant n'est pas une qualité innée de l'être humain, cela demande d'acquérir des connaissances et de l'expérience.

Être bientraitant, ça s'apprend !

Comment faire une validation des acquis de l'expérience (VAE) ?

Qu'il s'agisse du diplôme d'auxiliaire de puériculture ou d'éducateur de jeunes enfants, il est possible de prétendre à une VAE (Validation des acquis de l'expérience) pour l'obtenir, mais sous certaines conditions. Cette démarche personnelle, plutôt difficile, à en croire les personnes qui l'ont effectuée, permet d'obtenir un diplôme sans passer par la case « école ». Cependant, elle demande certaines conditions et un travail acharné.

Pour qui ?

La VAE est destinée à toute personne – quels que soient son âge, sa nationalité, son statut et son niveau de formation – qui peut justifier d'un minimum d'un an d'expérience auprès des jeunes enfants. Auparavant, trois années d'expérience étaient nécessaires, mais depuis août 2016, une seule année suffit pour pouvoir y prétendre.

Comment se déroule une VAE ?

Tout d'abord, il faut faire la demande du *Livret 1* par courrier[131] ou bien le télécharger sur internet[132]. Une fois celui-ci complété, il faut le renvoyer. Dans un délai de deux mois, si votre dossier est accepté, vous recevrez le *Livret 2*. Si vous ne le recevez pas, cela signifie que votre dossier a été refusé.

Ce *Livret 2* est un dossier rassemblant l'intégralité des modules du diplôme visé. Pour chaque module, une situation devra être choisie, expliquée puis analysée. Une fois le *Livret 2* complété et renvoyé, le candidat reçoit une convocation pour passer l'oral devant un jury. À l'issue de celui-ci, le jury décide de valider l'intégralité des modules, ou bien seulement quelques-uns, auquel cas le candidat sera dans l'obligation de repasser devant le jury, jusqu'à l'obtention de l'intégralité de ces modules.

Quelle durée pour une VAE ?

La durée entre l'envoi du *Livret 1* et l'obtention du diplôme est assez aléatoire. Elle dépend, avant tout, du candidat lui-même, de sa motivation et de son implication

131. À adresser à ASP-Unacess, service recevabilité VAE – 15, rue Léon Walras – CS 70902 87017 Limoges Cedex 1.
132. http://vae.asp-public.fr

dans son projet. La durée peut donc varier de quelques mois à plusieurs années.

Quelques conseils

- Demandez de l'aide autour de vous : vos collègues peuvent se révéler pleins de ressources. Échanger sur votre dossier et vos questionnements peut ouvrir des pistes auxquelles vous n'auriez pas pensé ;
- dégagez-vous du temps pour l'écriture du *Livret 2*. Soyez organisé, prévoyez un emploi du temps avec des moments dédiés à vos recherches et à l'écriture ;
- utilisez le pronom « je » plutôt que le pronom « on » ou « nous » ;
- avant l'envoi, faites relire votre dossier par d'autres personnes, pour le faire corriger (fautes d'orthographe, de syntaxe, etc.), mais également afin d'échanger sur son contenu.

Informations complémentaires

– Le candidat a un délai d'un an pour renvoyer son *Livret 2* après la recevabilité de sa demande (*Livret 1*) ;

- le candidat peut bénéficier, s'il le souhaite, d'un accompagnement pour constituer le *Livret 2* et préparer l'entretien devant jury. Pour cela, il suffit de contacter le DAVA (Dispositif académique de validation des acquis), il en existe un dans chaque académie.
- l'oral avec le jury peut durer entre vingt minutes et une heure.

Précisions concernant la VAE auxiliaire de puériculture

Les modules à valider sont les suivants :

- **Module 1** : L'accompagnement d'un enfant dans les activités d'éveil et de la vie quotidienne ;
- **Module 2** : L'état clinique d'une personne à tout âge de la vie ;
- **Module 3** : Les soins à l'enfant ;
- **Module 4** : Ergonomie ;
- **Module 5** : Relation – Communication ;
- **Module 6** : Hygiène des locaux ;
- **Module 7** : Transmission des informations ;
- **Module 8** : Organisation du travail.

Précisions concernant la VAE éducateur de jeunes enfants

Les domaines de compétences à valider sont les suivants :

- **DC1** : Accueil et accompagnement du jeune enfant et de sa famille ;
- **DC2** : Action éducative en direction du jeune enfant ;
- **DC3** : Communication professionnelle ;
- **DC4** : Dynamiques institutionnelles, interinstitutionnelles et partenariales.

Quelques sites

Si vous souhaitez plus d'informations sur la VAE, vous pouvez consulter :

– le site du ministère du Travail, de l'Emploi, de la Formation professionnelle et du Dialogue social : http://www.vae.gouv.fr ;

– le site de Pôle emploi : http://www.pole-emploi.fr/actualites/reussir-sa-validation-des-acquis-de-l-experience-vae--@/article.jspz?id=60784 ;

– le site de l'association « Centre Inffo » : http://www.droit-de-la-formation.fr/vos-rubriques/actualites/actualite-juridique/

loi-travail-les-evolutions-relatives-a-la-validation-des-acquis-de-l-experience.html?

Comment gérer la coéducation ?

Il n'est pas rare de voir, dans les projets de nos structures d'accueil, que « *nous prônons la coéducation* » ou d'entendre les professionnels dire aux parents : « *Vous êtes les bienvenus pour venir passer un moment avec votre enfant à la crèche !* » Mais qu'en est-il vraiment ?

Lumière sur la coéducation

Le *Larousse du XXe siècle* (édition de 1929) donne une très bonne définition de ce qu'est la coéducation : « *éducation donnée ou reçue en commun* ».

Au début de la création des crèches, dans les années soixante-dix, les parents n'avaient pas leur place dans celles-ci. Ils ne pouvaient même pas franchir la porte d'entrée, ils devaient donner leur enfant par-dessus une porte. C'était à une époque où l'hygiène était la grande priorité.

Depuis, cela a évolué, nous réfléchissons, dans nos différents projets, à la place à laisser aux parents et à la famille. Nous savons qu'il est nécessaire d'éduquer « en partenariat » ce tout-petit qui passe autant de temps en structure d'accueil que chez lui. Nous cherchons à connaître et comprendre la façon dont le parent éduque son enfant, afin d'assurer une continuité éducative, en journée.

Comment favoriser la coéducation ?

Au quotidien, différents moments favorisent notre relation avec le parent de l'enfant :

– la période d'**adaptation**

Cette période est un moment très important dans la vie d'un parent et de son enfant. C'est, en effet, lors de l'adaptation que vont se tisser leurs premiers liens avec les professionnels de la structure. C'est donc un temps qu'il faut penser en équipe, afin de proposer un accueil optimal, au parent comme à l'enfant. Généralement, nous prévoyons une ou deux semaines d'adaptation, pendant lesquelles chaque professionnel est à l'écoute du parent, dans un accompagnement bienveillant, d'autant plus que pour beaucoup d'entre eux, il s'agit de la première séparation d'avec leur enfant ;

– les **sorties**

En demi-journée ou en journée complète, les sorties peuvent être un moment intéressant pour y convier les parents disponibles. C'est un bon moyen d'être dans le partage, de cultiver le lien parents-professionnels et d'assurer un accompagnement à la parentalité ;

– l'**accueil** du matin et du soir

Les temps d'accueil du parent, lors des transmissions du matin et du soir, sont, dans la relation parents-professionnels, des moments importants, car quotidiens. Ils permettent un échange sur l'enfant et offre une continuité maison-crèche essentielle pour l'accueil de celui-ci. Lors de ces temps, les parents peuvent également poser des questions, s'informer, évoquer leurs difficultés face à certaines situations (sommeil, alimentation, agressivité, etc.). En tant que professionnels, nos acquis et nos connaissances de l'enfant nous permettent d'être dans l'écoute active du parent, dans le soutien, mais aussi parfois dans le conseil.

D'autres occasions de rapprochement nous sont offertes, même si elles sont plus ponctuelles :

– les **réunions** entre parents et professionnels

Des réunions à thèmes peuvent être proposées aux parents, afin d'échanger sur des sujets précis tels que « l'acquisition de la propreté », « l'alimentation », « les activités à la crèche », etc. Ces petites réunions permettent d'avoir des échanges libres ou plus élaborés, sur certains sujets ;

– les **fêtes**

La fête de l'hiver, par exemple : voilà un temps convivial qui nous permet de faire plus ample connaissance avec les nouvelles familles arrivées depuis septembre et de continuer à travailler la relation avec les familles déjà présentes. Ces fêtes de l'hiver, tout comme les fêtes de fin d'année, demandent toujours beaucoup d'investissement de la part de l'équipe, mais elles offrent l'occasion de faire évoluer la relation parents-enfants-professionnels. Ces fêtes invitent les parents à l'intérieur de la structure et permettent à tous de se rencontrer en dehors du stress quotidien.

La fête de fin d'année annonce, bien évidemment, la fin d'une année, mais également le début de l'été et, pour les plus grands, le départ à l'école, donc la fin de la crèche. Ce temps permet aux familles, aux enfants et aux professionnels de se dire « au-revoir ». Il fait généralement beau, et l'ambiance est souvent plus détendue que lors de la fête de l'hiver. Les familles se retrouvent entre elles et prennent le temps d'échanger ;

– les **ateliers parents-enfants**

Voici, pour vous en donner une idée très concrète, le témoignage de Sarah, éducatrice de jeunes enfants dans un multi-accueil[133] :

---

133. Témoignages issus de la page Facebook® : https://www.facebook.com/Le-Cercle-des-Auxiliaires-de-Pu%C3%A9riculture-et-des-EJE-197520660450416/

« Dans ma structure, j'ai eu l'opportunité de proposer régulièrement des ateliers parents-enfants. Avec mon équipe, nous décidions d'un thème pour les activités : "Octobre autour de l'automne", "Novembre autour des animaux", "Décembre autour de Noël", etc. Nous devions limiter le nombre de participants à deux familles, pour conserver un esprit convivial, mais, lorsque nous proposions un nouveau thème, nous changions le jour et le créneau horaire de l'atelier pour permettre à chaque parent de participer. Une professionnelle se détachait de sa section pour animer cet atelier et invitait deux autres enfants à venir y participer. Ainsi, l'atelier se déroulait avec deux parents et leur enfant, une professionnelle et deux autres enfants de la section.

Voici quelques exemples d'ateliers que nous avons proposés :

- *atelier cuisine : préparation d'une tarte aux pommes. Nous avons proposé cet atelier le matin, afin que les enfants puissent déguster la tarte au goûter, en veillant bien à garder deux parts de côté à offrir aux parents qui avaient participé à l'atelier ;*
- *atelier pour les animaux. Comme nous avons un jardin, nous avons proposé un atelier "Fabrication de boules de graisse pour les oiseaux". Nous avons, ensuite, accroché ces boules dans les arbres de notre jardin ;*
- *atelier autour de la sensorialité : jeu avec le sable ;*
- *atelier "Fête des rois et des reines" : préparation d'une galette sur le même principe que la tarte aux pommes.*

Les ateliers parents-enfants ont vraiment rencontré beaucoup de succès. Les parents étaient ravis de pouvoir partager ce petit temps avec leur enfant et les enfants très fiers que Papa ou Maman soit avec eux, à la crèche. De plus, cela a permis d'enrichir, d'une autre façon, les liens parents-professionnels ».

Il existe aussi un événement national, « La grande semaine de la petite enfance », qui met à l'honneur, pendant une semaine, des ateliers parents-enfants-professionnels. On peut s'inscrire à l'événement via leur site internet[134]. Cet organisme propose également des kits avec différents accessoires et un livret d'idées d'activités ;

– les « **cafés-parents** »

Nous voyons, ces dernières années, se mettre en place, au sein des structures d'accueil petite enfance, des « cafés-parents ». Il s'agit de moments (un jour par mois, entre huit et dix heures, par exemple) où les parents sont conviés à venir prendre le petit-déjeuner, au sein de la structure.

Chaque parent fait le choix de venir ou non, d'y rester un quart d'heure ou une heure, d'échanger avec les professionnels et/ou les autres parents présents. C'est une rencontre conviviale qui permet aux parents d'échanger autour de situations ou de leurs interrogations concernant leurs enfants, en dehors de la précipitation quotidienne. Bien sûr, si les parents

134. *Cf.* http://www.rdvpetiteenfance.fr

le désirent, ils peuvent y venir avec leurs enfants, un espace aménagé et sécurisé sera alors mis à leur disposition. Ce projet de « café-parents » est également un excellent moyen de créer un esprit d'équipe autour d'un projet commun. En effet, dans les mesures d'organisation possibles, on peut imaginer qu'un professionnel de chaque section, sur la base du volontariat, se détache, lors de ce temps, pour participer au « café-parents ».

Quelques références

– Rubio, M.-N., et Scheu, H., Rayna, S., (2010) (Dir.) : *Parents-professionnels : la coéducation en questions*. Toulouse : Érès, coll. « Enfance et parentalité » ;

– Thollon-Behar, M.-P., (2005) (Dir.) : *Parents, professionnels, comment éduquer ensemble un petit enfant ?* Toulouse : Érès, coll. « 1001 BB » ;

– le site dédié à « La Grande Semaine de la Petite Enfance » : http://www.rdvpetiteenfance.fr

Voulez-vous devenir auxiliaire de puériculture ?

Selon le site internet du ministère des Affaires sociales et de la Santé[135], l'auxiliaire de puériculture réalise des activités d'éveil et des soins visant au bien-être, à l'autonomie et au développement de l'enfant.

La formation d'auxiliaire de puériculture

La formation d'auxiliaire de puériculture se déroule sur dix mois. Elle contient des périodes de stages et de cours théoriques, dans un Institut de formation d'auxiliaire de puériculture (IFAP). Elle peut être effectuée en alternance. La formation permet d'obtenir un Diplôme d'État d'auxiliaire de puériculture (DEAP).

Les conditions requises pour le concours

Le concours est ouvert à toute personne ayant plus de 17 ans, sans condition de diplôme.

135. http://social-sante.gouv.fr/metiers-et-concours/les-metiers-de-la-sante/les-fiches-metiers/article/auxiliaire-de-puericulture

Les épreuves du concours

Elles se déroulent en deux temps. On passe, tout d'abord, une épreuve d'admissibilité, portant sur la culture générale, puis une épreuve orale d'admission sous la forme d'un entretien avec un jury.

Épreuves d'admissibilité

Sont dispensés de l'épreuve écrite :

- les candidats titulaires d'un titre ou diplôme homologué de niveau V ;
- les candidats titulaires d'un titre ou diplôme du secteur sanitaire ou social, homologué de niveau V ;
- les candidats titulaires d'un titre ou diplôme étranger leur permettant d'accéder à la formation ;
- les candidats ayant suivi une première année d'école d'infirmiers.

L'épreuve de culture générale comporte deux parties et se déroule en deux heures. Une partie porte sur l'étude d'un texte d'ordre sanitaire et social, l'autre présente des questions de biologie humaine et de mathématiques de base.

À cette épreuve viennent s'ajouter des tests psychotechniques, d'une durée d'une heure trente et ayant pour but d'évaluer l'attention, le raisonnement logique et l'organisation du candidat.

En cas d'obtention d'une note supérieure à dix sur vingt, on est admissible à l'épreuve orale. Dans le cas contraire, on est éliminé du concours.

Épreuve orale d'admission

Il s'agit, pour cette épreuve, d'un entretien avec un jury composé du directeur d'un IFAP et d'une puéricultrice. L'épreuve dure vingt minutes et comporte deux parties : un exposé sur un thème relevant du domaine sanitaire et social et un entretien sur les motivations du candidat.

Une note inférieure à dix sur vingt est éliminatoire

À l'issue des épreuves orales, le jury établit une liste des candidats retenus et une liste complémentaire. Celle-ci est utilisée, en cas de désistement d'un candidat de la liste d'admission.

La rémunération de l'auxiliaire de puériculture

Sa rémunération est très variable. Elle dépend de son ancienneté, de son lieu de travail et de ses horaires (travail de nuit, le dimanche, les jours fériés, etc.). Le salaire d'une auxiliaire débutante est à hauteur du Smic.

Lieux d'exercice et rôles de l'auxiliaire de puériculture

Dans une structure petite enfance

L'auxiliaire accompagne l'enfant dans son quotidien. Elle l'accueille avec sa famille. Elle veille à sa sécurité et lui apporte les soins nécessaires. Elle travaille sous la direction d'un éducateur de jeunes enfants ou d'un infirmier-puériculteur. Elle a un rôle d'observation et de transmissions écrites et orales.

L'auxiliaire peut travailler dans différentes structures de la petite enfance :

– dans une **crèche collective**. C'est un établissement accueillant des enfants de moins de 3 ans et dont les parents travaillent ou sont en recherche d'emploi. Elle est gérée par une collectivité territoriale (commune, services du département, etc.) ou par un gestionnaire privé (une association, par exemple). Sa capacité d'accueil peut atteindre soixante enfants. La crèche collective est placée sous la surveillance du service départemental de la Protection maternelle et infantile (PMI) ;

– dans une **crèche municipale**. Cet établissement a la même fonction que la crèche collective mais il dépend de la municipalité ;

– dans une **crèche parentale**. Cet établissement a la même fonction que les deux précédents, mais il est géré, de façon bénévole, par une association de parents. Ceux-ci encadrent les enfants en collaboration avec des professionnels de la petite enfance. Sa capacité d'accueil peut atteindre vingt-cinq enfants ;

– dans un **jardin d'enfants**. Il s'agit d'un établissement accueillant des enfants de 2 à 6 ans dont les parents travaillent ou sont en recherche d'emploi. Les jardins d'enfants peuvent proposer un accueil régulier ou occasionnel ;

– dans une **micro-crèche**. C'est un établissement qui peut accueillir, au maximum, dix enfants de moins de 6 ans et qui est géré par une association, un particulier ou une collectivité. Les assistantes maternelles peuvent faire partie du personnel encadrant, qui est au nombre de trois ;

– dans une **halte-garderie**. Ce type d'établissement propose un accueil, temporaire ou occasionnel, d'enfants de moins de 6 ans, quelle que soit la situation familiale et professionnelle des parents ;

– dans un **multi-accueil**. Il s'agit d'un établissement accueillant des enfants à temps complet et d'autres à temps partiel. Il est à noter qu'une crèche collective peut tout à fait proposer, en plus de son service de crèche, un multi-accueil, au sein de sa structure ;

- dans un **Relais d'assistantes maternelles** (Ram)[136]. C'est un lieu d'accueil pour les assistantes maternelles et les enfants qu'elles gardent. Des réunions à thèmes y sont proposées ainsi que des ateliers éducatifs à destination des enfants. Le Ram est aussi un lieu d'information pour les parents employeurs et ceux qui souhaitent se renseigner sur ce mode de garde. L'auxiliaire y a un rôle d'accueil, d'information et d'animation ;
- dans un **service de Protection maternelle et infantile** (PMI)[137] . C'est un lieu d'accueil gratuit, mettant en place des mesures de prévention médicale, psychologique et sociale, pour le jeune enfant et ses parents. L'auxiliaire de puériculture y accueille les familles et les conseille. Elle travaille en étroite collaboration avec la puéricultrice et participe aux consultations pédiatriques. Elle est également amenée à gérer une partie plus administrative : elle s'occupe notamment des dossiers de suivi des enfants. La PMI a pour autre mission le contrôle des établissements d'accueil des jeunes enfants et des domiciles des assistantes maternelles.

136. *Cf.* site internet créé par la Caf et ses partenaires sociaux : http://www.mon-enfant.fr
137. *Cf.* site d'aide aux parents, *BabyCenter* : http://www.babycenter.fr

En milieu hospitalier

– Dans un **service de pédiatrie** : l'auxiliaire prend en charge les enfants malades. Elle les aide dans les actes de la vie quotidienne, comme la toilette, l'habillage, la prise des repas. Elle contribue à l'hygiène des locaux, à la désinfection du matériel, etc. ;

– dans un **service de maternité** : l'auxiliaire accompagne les parents dans les soins du nouveau-né. Elle peut avoir un rôle de conseil, notamment concernant l'allaitement. Elle aide en salle d'accouchement, en fonction des besoins, prépare les biberons, assiste la sage-femme lors des premiers tests que doit passer le nouveau-né (le test d'Apgar, qui permet notamment de vérifier la fréquence cardiaque du bébé et son tonus musculaire, le test de Guthrie, qui consiste en un prélèvement de quelques gouttes de sang au niveau du talon du bébé pour dépister certaines maladies rares, et le test de bilirubine, qui permet le dépistage de la jaunisse) ;

– dans un **service de néonatologie** : l'auxiliaire prend en charge les bébés nés prématurément. Elle prépare et donne les biberons, elle surveille le bien-être et la santé des bébés (prise de la température, pesée...).

Dans des établissements du secteur social et médico-social

- Dans un **centre maternel**[138] , qui est un lieu d'accueil quotidien des mères et futures mères en situation difficile, qu'elles soient majeures ou mineures. Elles sont hébergées dans des chambres individuelles ou des studios. Le centre maternel est géré par les services de l'Aide sociale à l'enfance (Ase). Les auxiliaires y ont un rôle d'accompagnement éducatif et travaillent en collaboration avec les autres professionnels (éducateurs de jeunes enfants, psychologues, puéricultrices…) ;
- dans un **Institut médico-éducatif** (IME)[139]. Il s'agit d'un lieu d'accueil pour les enfants et les adolescents en situation de handicap ou atteints de déficience intellectuelle. Il peut les accueillir pendant la journée ou en pension complète. L'auxiliaire apporte les soins nécessaires aux enfants, en prenant en compte les différences et les difficultés liées à leurs pathologies ;
- dans une **pouponnière à caractère social**. « *Les pouponnières sont des lieux d'accueil d'enfants de moins de 3 ans qui ne peuvent rester au sein de leur famille ni bénéficier d'un place-*

138. *Cf.* site internet de l'Agence départementale d'information sur le logement des Yvelines : http://www.adil78.org
Cf. site internet *Filsantéjeunes*, dédié aux questions santé des jeunes de 12 à 25 ans : http://www.filsantejeunes.com
139. *Cf.* site internet d'aide aux personnes handicapées et à leurs familles : http://www.handicap.fr

ment familial surveillé[140] ». Ils sont placés soit sur décision de justice soit à la demande des parents en grandes difficultés. Les enfants sont accueillis, à temps complet, dans l'attente d'une adoption ou d'une autre décision de justice, selon leur situation. L'auxiliaire a un rôle important dans l'observation, les transmissions mais aussi dans les soins quotidiens, car c'est elle qui assure la sécurité affective essentielle pour le bon développement de l'enfant, tout en gardant une certaine distance professionnelle.

Évolution de carrière de l'auxiliaire de puériculture

Dès l'obtention de son diplôme, l'auxiliaire de puériculture a la possibilité de se présenter au concours d'éducateur de jeunes enfants.

Au bout de trois ans d'expérience, l'auxiliaire, même si il/elle n'a pas le diplôme du Bac, a la possibilité de se présenter au concours d'entrée[141] de l'Institut de formation en soins infirmiers (l'IFSI).

140. Définition donnée par le site internet des éditions Larousse : http://www.larousse.fr
141. *Cf.* site internet sur le métier d'infirmier : http://www.infirmiers.com

Voulez-vous devenir éducateur de jeunes enfants ?

Selon le site internet Travailler avec les enfants, « *L'éducateur de jeunes enfants est un travailleur social spécialiste de la petite enfance. Ses fonctions se situent à trois niveaux : éducation, prévention, coordination. En créant un environnement riche et motivant, il contribue à l'éveil des jeunes enfants et à leur apprentissage à la vie sociale. Il crée un environnement permettant la construction de liens sociaux et un accompagnement de la fonction parentale. Pour accomplir ses missions, il est amené à développer des partenariats avec les professionnels du champ sanitaire, social et de l'Éducation nationale*[142] ».

La formation d'éducateur de jeunes enfants

La formation d'éducateur de jeunes enfants se déroule sur trois ans. Elle contient des périodes de stages et de cours théoriques, dans une école d'éducateurs de jeunes enfants. La formation permet d'obtenir un Diplôme d'État d'éducateur de jeunes enfants (DEEJE).

142. http://travailleraveclesenfants.fr/le-metier-deducatrice-de-jeunes-enfants/

Attention, celle-ci est en constante évolution. Renseignez-vous auprès des écoles lors des journées portes ouvertes pour connaître au mieux l'organisation de la formation.

Les conditions requises pour le concours

Afin d'accéder au concours d'éducateurs de jeunes enfants il faut être âgé d'au moins 18 ans et/ou soit[143] :

- avoir le bac français (pas de bac étranger) ;
- être titulaire du DAEU (Diplôme d'accès aux études universitaires) ;
- avoir le diplôme professionnel d'auxiliaire de puériculture, ou le certificat d'aptitude aux fonctions d'aide médico-psychologique, ou le diplôme d'auxiliaire de vie sociale ;
- posséder le CAP petite enfance et justifier de trois ans d'expérience dans le champ de la petite enfance.

Les épreuves du concours

Afin de rentrer en formation d'éducateur de jeunes enfants, il faut s'inscrire aux concours des différentes écoles. Ce concours se déroule en deux étapes.

143. http://www.culture-formation.fr/prepa-concours-educateur-jeunes-enfants/concours-eje

Première épreuve : Une épreuve écrite de culture générale, qui diffère selon l'école. Elle dure entre trois et quatre heures. Celle-ci permet de vérifier la capacité de synthèse et d'analyse du candidat.

Deuxième épreuve : Si l'épreuve écrite est validée, le candidat passe alors un oral devant un jury. Cette épreuve se compose souvent de deux entretiens : celui de motivation devant un jury et un entretien avec un psychologue ou un oral de groupe, selon les écoles.

La rémunération d'un éducateur de jeunes enfants

La rémunération d'un EJE est très variable selon le type de structure où celui-ci va exercer – municipale, associative, à caractère social, privée, etc. ; elle dépendra de la même grille salariale. Le salaire débutant d'un éducateur de jeunes enfants peut être à peine plus élevé que le Smic.

Lieux d'exercice de l'éducateur de jeunes enfants

- Secteur petite enfance : lieux d'accueil des enfants de moins de 7 ans, crèches publiques ou privées, jardin d'enfants, etc.
- Secteur sanitaire : hôpital.

– Secteur médico-social : PMI, institutions pour enfants ayant un handicap (IME, CMPP, CAMPS, etc.), pouponnière.

– Secteur de l'animation, du loisir et de la culture : bibliothèque, ludothèque.

– Secteur de l'assistance éducative : foyer de l'enfance, centre de détention.

Pour la définition détaillée des structures, voir la fiche : « *Voulez-vous devenir auxiliaire de puériculture ?* »[144]

Qualités requises en tant qu'éducateur de jeunes enfants

Être éducateur de jeunes enfants nécessite d'avoir de la patience, de l'empathie, mais également le sens de l'écoute. Il faut aimer travailler en équipe et vouloir travailler en collaboration avec les familles.

Il faut savoir être créative aussi bien pour proposer des projets aux enfants que pour débloquer certaines situations délicates que l'on peut rencontrer lors de notre travail d'équipe ou dans l'accompagnement des familles. La remise en question doit faire partie également des qualités que l'on doit avoir en tant qu'éducateur de jeunes enfants.

---

144. *Cf.*

Évolution possible du métier d'éducateur de jeunes enfants

L'éducateur de jeunes enfants après quelques années d'expériences sur le terrain peut devenir directeur d'une structure d'accueil de jeunes enfants ou même créer sa propre structure telle qu'une micro-crèche.

Comment créer une micro-crèche ?

La définition

D'après la Caisse d'allocations familiales (Caf), « *La micro-crèche est une structure de petite taille regroupant, au sein d'un local, trois professionnels pouvant accueillir dix enfants de moins de 6 ans simultanément*[145]. »

Le décret n° 2010-613 du 7 juin 2010[146] **relatif aux établissements et services d'accueil des enfants de moins de 6 ans** encadre la réglementation des micro-crèches.

La capacité d'accueil d'une micro-crèche

L'article 9 du décret cité ci-dessus[147] stipule que « [...] *sous réserve du respect des dispositions du premier alinéa de l'article R2324-17 et de l'article R2324-43 et à condition que la moyenne hebdomadaire du taux d'occupation n'excède pas cent pour cent de la capacité d'accueil prévue par l'autorisation du président du*

145. Caf, Guide pour la création d'une micro-crèche
146. *Cf.* site internet *Legifrance*, service public de la diffusion du droit : http://www.legifrance.gouv.fr
147. *Ibid.*

conseil général ou figurant dans la demande d'avis qui lui a été adressée, des enfants peuvent être accueillis en surnombre certains jours de la semaine, dans le respect des limites suivantes : [...] *Dix pour cent de la capacité d'accueil pour les établissements ou services d'une capacité inférieure ou égale à vingt places* [...] ».

Les conditions d'ouverture

Tout le monde peut créer une micro-crèche. Aucun diplôme n'est exigé. Il peut s'agir d'un particulier, d'une association, d'une entreprise, d'une commune. La micro-crèche peut être créée par des assistantes maternelles souhaitant se regrouper. La structure peut se situer, entres autres, dans une maison, avec ou sans jardin, dans un appartement, dans un local communal, et doit répondre aux normes de sécurité. La surface doit être, au minimum, de 100 m^2.

Le personnel

Selon l'article R2324-43-1 du décret n° 2010-613[148], le taux d'encadrement est d'un professionnel pour trois enfants. À partir de quatre enfants, la présence de deux professionnels est obligatoire.

---

148. *Ibid.*

Parmi le personnel d'une micro-crèche, se trouvent :

– le gestionnaire

Il est celui qui a créé la micro-crèche. Il a la charge de la comptabilité de l'établissement, des inscriptions des familles, de la logistique, du suivi général de la micro-crèche. Il fixe des objectifs généraux pour l'équipe et définit le budget de l'établissement. Il travaille en étroite collaboration avec le référent technique. Le gestionnaire ne travaille pas auprès des enfants, cependant il a la possibilité d'exercer la fonction de référent technique, à condition de détenir un des diplômes obligatoires (éducateur de jeunes enfants ou infirmier-puériculteur) ;

– le référent technique

Conformément à l'article 14 du décret n° 2010-613 du 7 juin 2010[149], « *le gestionnaire de l'établissement est tenu de désigner une personne physique, dénommée référent technique, pouvant être distincte des personnes chargées de l'encadrement des enfants accueillis, pour assurer le suivi technique de l'établissement ainsi que l'élaboration et le suivi de la mise en œuvre du projet d'accueil. Le référent technique a pour missions d'accompagner et de coordonner l'activité des personnes chargées de l'encadrement des enfants* ».

149. *Ibid.*

C'est le référent technique qui est responsable du projet d'établissement. Sa fonction devient celle de directeur/directrice, dès lors qu'il a la responsabilité de trois micro-crèches, au minimum. Il établit les protocoles (d'hygiène, de sécurité, etc.), il rencontre les familles et coordonne l'activité du personnel. Il doit détenir le diplôme d'éducateur de jeunes enfants ou d'infirmier-puériculteur. Cependant, un professionnel détenteur du CAP petite enfance, une assistante maternelle agréée ou une auxiliaire de puériculture peut être référent technique, après obtention d'une dérogation du médecin du service de PMI, dans la mesure où au moins un(e) EJE ou une puéricultrice fait partie du personnel encadrant.

Selon l'article 14 du décret n° 2010-613[150], « *si cette personne* [le référent technique] *n'est pas titulaire d'une des qualifications mentionnées aux articles R2324-34, R2324-35 ou R2324-46, le gestionnaire s'assure du concours régulier d'une personne répondant à l'une de ces qualifications* ».

Le référent technique n'a pas l'obligation d'être présent, il peut travailler à temps partiel. Dans le cas où le référent technique encadre les enfants, celui-ci se doit, malgré tout, de consacrer un petit temps à sa fonction de référent : huit heures par semaine en moyenne, mais cela peut être variable d'un département à l'autre ;

150. *Ibid.*

– le personnel encadrant les enfants

Selon l'article 19 du décret 2010-613[151], « *dans les établissements mentionnés au 4° de l'article R2324-17, les professionnels mentionnés au 1° peuvent être remplacés par des personnes qui justifient d'une certification au moins de niveau V, enregistrée au répertoire national de certifications professionnelles prévu à l'article L335-6 du code de l'Éducation, attestant de compétences dans le champ de l'accueil des jeunes enfants et de deux années d'expérience professionnelle, ou d'une expérience professionnelle de trois ans comme assistant maternel agréé* ».

Les professionnels encadrants peuvent être :

- des assistantes maternelles agréées, avec une expérience de cinq ans,
- des auxiliaires de puériculture ayant une expérience de deux ans,
- des professionnels détenteurs du CAP petite enfance et ayant une expérience de deux ans,
- des EJE (sans obligation d'expérience).

151. *Ibid.*

Les démarches à effectuer

La première chose à faire est de contacter la Caf de son département afin de prendre connaissance du cahier des charges. On doit également contacter le service de PMI (Protection maternelle et infantile), car ces deux instances travaillent ensemble. La Caf et la PMI organisent des comités de pilotage et suivent l'avancement du projet.

Il faudra constituer un dossier comportant un certain nombre de données et de justificatifs : l'objectif de la création de la micro-crèche, l'adresse et la description des locaux, le tarif demandé aux familles, etc. Cette étape est très longue et peut être fastidieuse.

Il faudra ensuite déposer le dossier auprès du service de PMI afin que le médecin donne son accord. Si le dossier est accepté, il est transmis au président du conseil général du département qui, à son tour, l'étudie et autorise ou non la création de la structure.

Selon l'article 4 du décret n° 2010-613 du 7 juin 2010[152], « [...] *le président du conseil général dispose d'un délai de trois mois, à compter de la date à laquelle le dossier est réputé complet, pour notifier sa décision d'accorder ou de refuser l'autorisation prévue*

152. *Ibid.*

au premier alinéa de l'article L2324-1. L'absence de réponse vaut autorisation d'ouverture ».

Les aides au financement

La Caf peut apporter une aide financière. Il est également possible de solliciter la commune ou le conseil général. Le montant des subventions varie d'un département à l'autre.

Pour un complément d'informations, nous vous recommandons :

- le blog de Cynthia, gestionnaire d'une micro-crèche : http://www.my-micro-creche.com;
- le *Portail de la Fonction publique* : http://www.fonction-public.gouv.fr.

Échange avec Béatrice Charbonnier[153]

Nous : « ***Quel est votre parcours professionnel ?*** »

Béatrice Charbonnier : « *Originaire des Pyrénées Atlantiques, j'ai suivi ma formation d'éducateur de jeunes enfants au centre St Honoré, à Paris, dans le 19e arrondissement. Diplômée*

153. Directrice et référente technique de trois micro-crèches.

en 1999, j'ai exercé en tant qu'EJE pendant trois ans, dans divers lieux spécifiques de la petite enfance – crèches, nurseries de centres de thalassothérapie, maisons à caractère social –, avant de partir deux ans en Polynésie sur un poste de directrice adjointe d'une garderie ainsi que sur un poste de formatrice pour les personnes désirant ouvrir des lieux d'accueil de jeunes enfants. De retour en France, j'ai saisi une opportunité de poste de direction d'un multi-accueil associatif de vingt-cinq berceaux, en région parisienne. Ce fut une expérience professionnelle très enrichissante qui a duré cinq ans. J'ai également été intervenante – sur les activités à proposer aux enfants de moins de 3 ans – dans une école d'auxiliaire de puériculture et jury pour les VAE d'auxiliaire de puériculture, pour les concours d'entrée dans un centre de formation d'EJE et pour les épreuves de CAP petite enfance. Depuis deux ans, je suis membre, pour le département des Pyrénées Atlantiques, de la Commission départementale des services à la famille dans laquelle je représente les structures privées ».

Nous : « ***Pour quelles raisons avez-vous ouvert des micro-crèches ?*** »

B.C. : « *Mon projet "Micro-crèches" est né d'une réflexion commune avec mon mari. Suite à de nombreuses années d'exercice dans nos professions respectives – l'accueil de la petite enfance et la communication –, nous avons ressenti l'envie d'évoluer vers plus d'autonomie et de relever de nouveaux défis. Nous avons donc choisi d'associer nos compétences et expertises, dans le domaine de l'accueil petite enfance et dans une région qui nous est chère : le Pays Basque. Par mes diverses expériences professionnelles, en tant qu'EJE puis directrice de crèche, j'ai été confrontée à la problématique récurrente des familles, quant à la garde de leur enfant. De plus, créer une structure d'accueil a toujours été un objectif professionnel. De fait, la micro-crèche m'est apparue comme un bon compromis entre la garde à domicile et la crèche, de part son côté familial et collectif. Ce type de structures à petite échelle permet la prise en charge individuelle des enfants et, donc, un meilleur suivi éducatif, ce qui répond à la principale attente des parents d'enfants en bas âge* ».

Nous : « ***Quelles démarches avez-vous effectuées ?*** »

B.C. : « *Nous n'avons pas voulu brûler les étapes ni monter un projet dans la précipitation. Notre but a été de bien le penser et de tout mettre en œuvre pour qu'il puisse aboutir. Après plusieurs mois de recherches théoriques (études de besoins, notamment), de formations (mon mari a suivi une formation en création et gestion d'entreprise), d'entretiens (avec les élus locaux, la Caf, la PMI, la CCI*[154]*), nous avons encore laissé mûrir notre projet pendant deux bonnes années. Une première micro-crèche a ouvert ses portes en janvier 2011, sur une amplitude classique, puisque*

154. Chambre de Commerce et d'Industrie.

ses jours et horaires d'ouverture s'étendaient du lundi au vendredi, de huit heures trente à dix-huit heures trente. L'année suivante, en janvier 2012, la seconde micro-crèche ouvrait ses portes, à dix kilomètres de la première, avec en plus, un projet d'activités intergénérationnelles, puisqu'elle était située dans les locaux d'un foyer de logements pour personnes âgées. Au vu des demandes et des besoins des familles, une troisième micro-crèche a ouvert ses portes, en octobre 2015, dans une commune voisine, avec un projet innovant pour la région, puisqu'on proposait une ouverture du lundi au samedi, de huit heures à dix-neuf heures trente, les mois de juillet et août inclus ».

Nous : « ***Quelles difficultés avez-vous rencontrées ?*** »

B.C. : « *Pour les trois structures, la première difficulté a été de trouver un local adapté à cette activité. Ensuite, il a fallu présenter les projets auprès de la Caf et du conseil général, en insistant sur les aspects innovants de chacune d'entre elles.*

Pour la première micro-crèche, il s'agissait d'un type de structures collectives jusqu'alors méconnu dans le département. Il a donc fallu montrer notre réelle motivation pour implanter cet établissement privé. Mon expérience d'EJE a été un plus, sans aucun doute, car je montrais que je savais de quoi je parlais et ce que je voulais concrètement apporter à la prise en charge des enfants accueillis dans ma structure.

Pour la deuxième micro-crèche, étant donné qu'elle était implantée dans les locaux d'un foyer de logements pour personnes âgées, le projet de mettre en place des activités intergénérationnelles a été plus que convaincant. Aucune structure de la région ne proposait encore ce genre de chose, ou, du moins, pas à une fréquence et une proximité aussi marquées.

Pour la troisième micro-crèche, qui était située dans une commune vivant essentiellement du commerce et du tourisme, il m'a paru évident de proposer un accueil permettant aux gens de concilier vie professionnelle et vie familiale, en offrant une amplitude horaire un peu plus large que les autres structures, mais aussi, et surtout, une ouverture le samedi et tout l'été, ce qu'aucune autre structure du Pays Basque ne propose ! Ces projets n'ont, au final, pas rencontré trop de difficultés, mais il faut dire qu'ils étaient basés sur des études de besoins très sérieuses !

Au début, les directrices de crèches et les assistantes maternelles se sont demandées qui étaient "ces privés" venus ouvrir une structure par ici. Je me suis toujours efforcée de m'intégrer dans la commune, en participant à toutes les manifestations liées à la petite enfance, afin de montrer que je suis, avant tout, une professionnelle de la petite enfance et non uniquement une gestionnaire de crèches. J'ai créé des liens avec les services municipaux de la petite enfance des trois communes – les Ram, les directrices des crèches, les services de PMI et autres services liés à la petite enfance –, afin de m'inscrire dans la politique de l'enfance de chaque commune et de montrer que notre offre est complémentaire de celle déjà existante ».

Nous : « ***Quel conseil donneriez-vous aux personnes qui souhaitent ouvrir une micro-crèche ?*** »

B.C. : « *Avant de s'aventurer dans ce projet, il me semble important de bien le penser* ».

La pratique

Comment gérer les émotions des enfants en collectivité ?

Une définition

D'après le *Larousse*[155], l'émotion est une « *réaction affective transitoire d'assez grande intensité, habituellement provoquée par une stimulation venue de l'environnement* ».

Il existe six émotions de base universelles : la joie, la tristesse, la peur, la colère, le dégoût et la surprise.

Ces différentes émotions se traduisent par des manifestations physiques, tels que les larmes, la transpiration, l'accélération cardiaque, le sourire, les cris, etc.

Voici un tableau[156] pour illustrer les différentes manifestations qu'un enfant pourra avoir, selon son émotion :

155. *Cf.* site internet des éditions Larousse : http://www.larousse.fr
156. Outil résultant d'un travail de mise en commun d'observations de différentes professionnelles, lors d'une formation *Autour des émotions du jeune enfant*, organisée en interne du groupe des crèches privées en mars 2015, à Paris.

Peur	Crier, pleurer, se figer, fuir, se replier, se cacher, s'accrocher, trembler, parler, être agressif, être dans la répétition, rire, communiquer...
Joie	Crier, rire, pleurer, courir, sauter, taper, jouer, communiquer, être agressif, trembler...
Tristesse	Pleurer, s'isoler, ne pas jouer, crier, communiquer, être agressif, refuser de manger, se réfugier dans le sommeil, s'auto-maltraiter, se faire vomir...
Colère	Taper, crier, mordre, lancer, pleurer, dire « non », s'auto-maltraiter/s'auto-mutiler, refuser/rejeter, s'isoler, se faire vomir communiquer...
Surprise	Sursauter, se figer, communiquer, crier, rire, pleurer, fuir...
Dégoût	Vomir, se crisper, s'affirmer, rejeter, tourner la tête, fermer les yeux, fuir, crier, communiquer...

Comme nous pouvons le constater, les manifestations peuvent être les mêmes pour des émotions différentes, ce qui rend parfois difficile l'identification de l'émotion de l'enfant. Il faut savoir que les enfants vivent leurs émotions à l'état brut, c'est-à-dire qu'ils ne savent pas ce qu'il se passe en eux et ne peuvent pas maîtriser leur état émotionnel. Ils se retrouvent très vite submergés. C'est donc à nous, professionnels, de les accompagner dans cette gestion des émotions, afin qu'ils prennent conscience, petit à petit, de celles-ci et puissent les exprimer à leur tour.

Le décodage des émotions

Pour pouvoir décoder une émotion, il faut d'abord savoir à quoi elle correspond.

La joie est différente de la notion de plaisir. Elle engage toute la personne. Elle peut être paisible mais elle peut également s'exprimer par l'excitation.

La tristesse est liée à un sentiment de perte ou de manque affectif. On se sent vulnérable.

La peur est une réaction à un danger, une menace réelle, potentielle ou que l'on anticipe. La peur est au service de la protection. Elle provoque des réactions physiologiques importantes.

La colère, tout comme la tristesse, est également la réaction à un manque. C'est l'affirmation d'une volonté personnelle.

La surprise est une réaction face à l'imprévu. Elle ouvre à la curiosité et à la nouveauté. C'est important de se laisser surprendre.

Le dégoût est une émotion physique et morale. Puisqu'on nous a toujours dit qu'avoir les mains sales n'était pas bien, nous avons développé un dégoût.

Grâce à ces définitions, nous pourrons, selon le contexte, mieux interpréter et donc mieux accompagner l'enfant dans son émotion. Si l'enfant pleure après une séparation, par exemple, nous pourrons en conclure qu'il est soit triste, soit en colère de s'être séparé de son parent. Ou si l'enfant se trouve en haut du toboggan et qu'il pleure, on pourra se dire qu'il a sûrement peur.

L'accompagnement des émotions

Pour aider les enfants à maîtriser leurs émotions, il est essentiel de :

- faire preuve d'ouverture et d'empathie ;
- savoir gérer ses propres émotions, pour être en mesure d'aider les enfants à s'apaiser, après avoir vécu une émotion. Il est important de se montrer calme et apte à accueillir cette dernière ;
- être rassurant. Comme nous l'avons vu dans le tableau, une émotion peut s'extérioriser de façon violente, il est donc important de montrer à l'enfant que l'expression de ses émotions – même les plus fortes ! – ne détruira pas la relation qu'il peut avoir avec nous ;
- fixer un cadre. Accepter une émotion n'est pas accepter un comportement. Un enfant a le droit d'être en colère mais n'a pas le droit de taper son camarade.

Voici quelques étapes de l'accompagnement émotionnel :

- accueillir non verbalement, par le regard et l'attitude corporelle. Éventuellement prendre dans les bras ;
- mettre des mots sur le ressenti de l'enfant, ne pas bloquer son émotion. Si l'enfant est tombé, il s'est probablement fait mal, il est donc important de se retenir de lui dire que « *ce n'est pas*

grave ! » et de l'accompagner en disant : « *Tu es tombé, tu as dû te faire mal !* » ;

- permettre à l'émotion d'aller jusqu'à sa résolution. Attendre que l'enfant soit calmé, afin d'être sûr que son émotion soit passée, et lui demander : « *Te sens-tu mieux ?* » ;
- quand la respiration de l'enfant est redevenue calme, place à la parole. C'est le moment d'expliquer à l'enfant ce qu'il a vécu et ressenti. L'adulte peut aussi penser à sa respiration.

Il est à noter qu'un enfant qui ne cesse de répéter « *Papa, Maman* » n'attend pas nécessairement comme réponse : « *Papa et Maman sont au travail* ». Il attend peut être plutôt de nous qu'on accueille son émotion : « *Papa et Maman te manquent* », « *Tu penses à ton papa et à ta maman en ce moment* ». Car accueillir une émotion, autoriser son expression, c'est permettre à l'enfant de prendre confiance en lui, c'est lui donner des pistes pour plus tard... C'est, tout simplement, l'autoriser à « être ».

Quelques outils de référence

- Filliozat, I., (1999) *Au cœur des émotions de l'enfant.* Paris : JC Lattès ;
- Crétin, A., (2013) *Vivre mieux avec les émotions de son enfant.* Paris : Odile Jacob.

Qu'est-ce que la libre exploration éducative ?

La libre exploration éducative est un concept qui arrive, petit à petit, dans nos structures et qui a pour objectifs :

– l'aventure ;

– la découverte ;

– l'expérience ;

– le plaisir.

Maria Montessori parle d'activités spontanées auto-induites que l'enfant poursuit librement et de façon autonome. D'après elle, cette activité est essentielle au développement de l'enfant, elle est pour lui une source de plaisir sans cesse renouvelé.

En quoi consiste la libre exploration éducative ?

La libre exploration éducative consiste à proposer aux enfants plusieurs ateliers en même temps, dans divers espaces qui restent ouverts, afin de répondre au mieux et de façon individuelle à leurs différents besoins de manipulation et d'expérimentation. En effet, les enfants n'ont pas tous les mêmes besoins au même moment. Certains auront besoin d'expériences de motricité fine, alors que d'autres ressentiront le besoin de se mouvoir. Il est donc important de laisser à l'enfant cette liberté de choisir.

En mettant en place cette pédagogie, nous répondons au besoin « d'affordance » de l'enfant. La théorie de « l'affordance » met en avant le fait qu'un enfant ne puisse s'empêcher d'aller vers un objet ou un jouet et de faire des expériences. La libre exploration éducative permet donc à l'enfant d'aller vers ceux qui l'intriguent le plus, qu'il n'a pas encore explorés ou ceux qu'il aime manipuler. C'est en faisant différentes expériences sur eux qu'il pourra en comprendre leurs caractéristiques et leurs utilisations. Grâce à la libre exploration éducative, l'enfant est libre de faire comme il veut, mais surtout d'y consacrer le temps qu'il souhaite.

Attention, « faire comme il veut » n'est pas synonyme de « laisser tout faire ». Il est effectivement nécessaire d'établir des règles que l'enfant devra respecter, comme, par exemple : ne pas taper, ne pas mordre, ne pas pousser les autres enfants, ne pas crier, etc.

La mise en place

Lorsque nous décidons de mettre en place cette pédagogie, il nous faut réfléchir à la façon de le faire. Propose-t-on la libre exploration éducative uniquement dans la salle de vie, en installant différents ateliers dans l'espace ? Ou le met-on en place dans différents espaces, comme le dortoir, la salle de motricité, la salle de vie ?

Pour répondre à ces questions, il importe, tout d'abord, de prendre en compte l'accessibilité de ces espaces. Si nous décidons d'en utiliser plusieurs, mieux vaut s'assurer que les enfants puissent facilement circuler, en étant toujours sous le regard d'un adulte. Et il va de soi qu'on ne mettra pas en place la libre exploration éducative de la même façon avec un groupe d'enfants d'âges homogènes qu'avec un groupe d'enfants d'âges mélangés.

Afin que ce système fonctionne, nous devons donc prendre en compte tous ces éléments et y réfléchir en équipe.

Par ailleurs, il est important de se mettre d'accord sur le positionnement professionnel à adopter, lorsque nous proposons un temps de libre exploration éducative aux enfants. Il est indispensable que chaque professionnel sache où il se place dans l'espace, afin d'éviter les déplacements superflus qui créent une instabilité perturbante pour l'enfant. De plus, il peut être intéressant d'avoir un professionnel détaché qui puisse prendre en charge les enfants qui en auraient besoin, ou simplement renforcer un atelier où il y aurait beaucoup d'enfants.

La libre exploration éducative présente un intérêt pour les enfants, mais également pour les professionnels : ceux-ci ne sont plus dans la contrainte de contenir tout un groupe dans un atelier bien précis, puisque l'enfant est libre d'aller et venir à eux. De plus, ce système ne les met pas dans la position d'acteurs, ce qui leur permet d'observer l'activité de l'enfant plus facilement.

Témoignages de différentes mises en place possibles

Témoignage de Lucie[157]*, auxiliaire de puériculture dans un multi-accueil*

« *Je m'occupe du groupe des grands, âgés de 2 à 3 ans. Nous sommes quatre professionnelles pour un groupe de vingt-quatre enfants. Le matin, nous sommes trois professionnelles pour encadrer le groupe et le soir nous ne sommes plus que deux professionnelles.*

157. Témoignages issus de la page Facebook® : https://www.facebook.com/Le-Cercle-des-Auxiliaires-de-Pu%C3%A9riculture-et-des-EJE-197520660450416/

Nous avons observé que ce groupe d'enfants n'arrive pas à rester longtemps aux ateliers fermés que nous proposons le matin. Et le soir, nous nous retrouvons à deux pour vingt-quatre enfants. Nous divisons, alors, le groupe en deux, ce qui implique de devoir gérer douze enfants par atelier. C'est un véritable défi !

Lors d'une réunion d'équipe, nous avons abordé cette problématique et, au fur et à mesure de nos échanges, nous avons trouvé la solution des ateliers ouverts. À ce moment-là, nous ne connaissions pas le terme "libre exploration éducative", nous parlions de "portes ouvertes".

Nous avons donc mis ce système en place, trois matinées par semaine et tous les soirs. Le matin, nous proposons des ateliers dans nos deux dortoirs et dans la salle de vie. Dans un des dortoirs, se trouve un atelier de motricité fine, dans l'autre, du matériel de motricité (cerceaux, ballons, blocs). La salle de vie, quant à elle, garde son statut de salle de jeu libre.

Tous les soirs, nous proposons une itinérance ludique entre la salle d'activités et la salle de motricité. Dans la salle d'activités, des plateaux Montessori sont mis à disposition. Dans la salle de motricité, des jeux du type voitures, Lego®, animaux, etc., sont installés sur un tapis, et tout l'espace de motricité est en libre accès.

Dès la mise en place de ce nouveau fonctionnement, nous avons ressenti un soulagement : nous n'avions plus la crainte de nous retrouver seules avec notre groupe d'enfants, autour d'une activité qui ne les intéresse pas vraiment. De même pour le soir : ne plus se retrouver avec douze enfants dont on doit s'occuper simplifie grandement le quotidien ! Et nous avons pu voir les enfants prendre du plaisir à se déplacer d'un atelier de motricité fine à une activité motrice, pour, ensuite, mieux revenir à leur activité de manipulation fine ».

Témoignage de Mélanie[158]*, EJE dans une mini-crèche*

« *Nous sommes une équipe de six professionnelles pour deux sections, une section de onze petits-moyens et une section de quatorze grands. Je suis la seule EJE de cette petite structure où, du fait de sa taille, les âges des enfants sont souvent proches ; nous avons donc décidé de mettre en place la libre exploration éducative entre les deux sections.*

La section des grands bénéficiait déjà régulièrement de ce système, lors des ateliers du matin et du soir. En début d'année, étant donné que cette section accueillait des enfants encore jeunes et ayant un grand besoin d'activités motrices, une libre exploration éducative entre la salle de motricité et la salle de vie avait été proposée. Dans la salle de vie, un atelier de motricité fine était installé afin de répondre aux besoins des plus âgés.

158. Témoignages issus de la page Facebook® :
https://www.facebook.com/Le-Cercle-des-Auxiliaires-de-Pu%C3%A9riculture-et-des-EJE-197520660450416/

Puis, au fil de l'année, la libre exploration éducative a changé : des ateliers ont été mis en place entre le dortoir et la salle de vie. Certains jours, deux ateliers différents étaient présentés dans chaque espace, alors qu'à d'autres moments, un seul atelier était proposé dans le dortoir et la salle de vie, qui gardait sa fonction de jeu libre. Ce choix était fait le matin, au moment de l'accueil des enfants et après les avoir observés.

La libre exploration éducative entre les deux sections s'est mise en place, au cours de l'année, lorsque les enfants de la section des petits ont atteint une sécurité affective suffisante leur permettant de se déplacer d'un espace à l'autre sans craintes.

Nous avons proposé une libre exploration éducative entre la section des petits, la salle de motricité et la section des grands. Ce fonctionnement nous a demandé réflexion, car les âges des enfants étaient hétérogènes. Nous devions donc adapter chaque atelier à l'âge de chaque enfant. Nous avons décidé d'installer, dans la section des petits, un espace de jeux libres ; la salle de motricité gardait sa fonction motrice, et l'espace des grands, quant à lui, offrait un atelier motricité fine adapté à tous, tel que crayonnage, gommettes, transvasement de bouchons, etc.

C'était une très grande réussite de voir les petits et les grands se déplacer librement, choisir leur atelier, et d'observer des petits passer de longues minutes à des ateliers de motricité fine, à côté des grands.

Pour que cela puisse fonctionner, une professionnelle était présente dans chaque espace, et une professionnelle "volante" allait aider la collègue qui avait le plus d'enfants ou s'occupait de l'accueil des derniers arrivés et des soins ».

Comment accueillir les comportements agressifs ?

Lorsque nous travaillons auprès de jeunes enfants, nous sommes souvent confrontés à leurs comportements agressifs, tels que morsures, griffures, coups, bousculades, etc.

Il n'est pas évident de gérer ces situations et nous nous sentons souvent démunis face à elles.

Une définition

D'après le *Larousse*[159], l'agressivité est la « *tendance à s'opposer à autrui ou à l'attaquer, de façon réelle ou fantasmée. L'agressivité est en rapport étroit avec la satisfaction des besoins vitaux, la maîtrise du milieu et l'affirmation de soi. Les actes agressifs sont ceux qui retiennent le plus l'attention en raison de leur caractère spectaculaire et potentiellement dangereux [...].* »

D'après cette définition, l'enfant peut donc avoir un comportement agressif parce qu'il :

– veut exprimer une émotion ;

159. *Cf.* site internet des éditions Larousse : http://www.larousse.fr

– ne parvient pas à gérer un besoin vital insatisfait ;

– ne parvient pas à gérer une frustration due à son milieu ;

– ressent de la déception ;

– veut attirer l'attention ;

– a envie de communiquer mais n'a pas encore acquis un langage assez développé pour le faire ;

– cherche à se défendre/s'affirmer ;

– teste la réaction de l'autre.

Comment accompagner ?

Comme nous venons de le voir, les raisons pouvant être multiples, il importe déjà de connaître le contexte de la situation. On n'accompagnera pas de la même façon un enfant qui a eu un comportement agressif du fait d'une difficulté à gérer une émotion et un enfant qui a envie d'attirer l'attention.

Le plus important, est, avant tout, de :

– ne pas se précipiter, sinon cela donne un caractère grave à l'acte ;

– prendre en charge « l'agressé » et « l'agresseur » ;

– verbaliser auprès de « l'agressé » et de « l'agresseur » ce que chacun peut ressentir.

Si un enfant nous tape, il est impératif de ne pas le prendre pour nous, car, en réalité, il cherche à nous dire ou nous montrer quelque chose : une émotion, un manque (d'attention, par exemple), une frustration, etc.

Lorsque, sous le coup de l'émotion, nous intervenons avec fermeté auprès d'un enfant au comportement agressif, il est important de revenir vers lui, une fois notre colère redescendue, afin de lui dire que nous ne sommes plus fâchés et de lui faire un câlin. Autrement, il aura l'impression que notre relation est abîmée et pourra, alors, se sentir démuni.

Les comportements agressifs font partie de la vie du jeune enfant, c'est une source d'énergie qui le pousse à aller vers l'autre, mais de façon maladroite. Cela fait partie de son développement. En tant que professionnels, nous nous devons donc d'être dans un accompagnement bienveillant face à ces comportements agressifs. Car accepter que l'enfant puisse avoir ce type de comportement, c'est l'accueillir comme un individu à part entière.

Pistes de verbalisation bienveillante

L'enfant exprime une **émotion**	« *Je vois bien que tu es en colère, mais tu n'as pas le droit de taper ton camarade, ce n'est pas lui le responsable de ta colère, c'est parce que [...]. Mais si tu es vraiment en colère et que tu as besoin de taper, alors je te propose de taper sur [proposer un objet ou le sol].* »
L'enfant ne parvient pas à gérer un **besoin vital insatisfait**	« *Je vois bien que tu es fatigué, mais cela ne te donne pas le droit de tirer les cheveux de ta camarade, je vais te proposer ton lit et t'accompagner pour que tu puisses te reposer afin de pouvoir mieux profiter de ta journée après.* »
L'enfant ne parvient pas à gérer une **frustration due à son milieu**, ou bien il ressent de la **déception**	« *Tu es triste parce que ton papa t'as emmené à la crèche, tu as le droit d'être triste, mais tu n'as pas le droit de pousser tes camarades, ils ne sont pas la raison de ta tristesse. Si tu veux, je peux te faire un câlin, pour t'aider à ne plus être triste.* »
L'enfant veut **attirer l'attention** sur lui, montrer qu'il existe	« *Je vois bien que tu cherches à attirer notre attention depuis tout à l'heure, mais ce n'est pas en mordant ton camarade que ça va fonctionner. Dès que j'aurai fini les transmissions avec la maman de ta camarade, je prendrai le temps de te lire une histoire.* »

L'enfant a envie de **communiquer** mais n'a pas acquis un langage assez développé	« *Je vois que tu as très envie de jouer avec ton camarade, mais ce n'est pas en lui arrachant ses jouets des mains qu'il aura envie de jouer avec toi. Tu peux lui demander : "Je peux jouer avec toi ?", viens, je t'accompagne, on va lui demander tous les deux.* » Dans cette situation, il est intéressant de proposer aux deux enfants concernés un jeu de collaboration, comme une construction, par exemple.
L'enfant veut **se défendre ou s'affirmer**	« *Je vois bien que ton camarade t'embête depuis tout à l'heure, mais le taper n'est pas la solution. Tu peux lui dire : "Laisse-moi tranquille !" ou "Non !" Viens, je t'accompagne on va le lui dire ensemble.* »
Tester la réaction de l'autre	« *Tu vois, si tu tapes ton camarade, il pleure, ça veut dire qu'il n'est pas content, parce qu'il a mal. Alors, il ne faut pas que tu recommences.* » ou « *Quand tu tapes, tu fais mal, et faire mal, c'est interdit !* »

Quelques outils de référence

Pour approfondir le sujet, nous vous recommandons les ouvrages suivants :

- Bourcier, S., (2008) *L'agressivité chez l'enfant de 0 à 5 ans.* Montréal : CHU Sainte-Justine ;
- Léonard-Mallaval, M., (2009) *Ça mord à la crèche.* Toulouse : Érès, coll. « 1001 BB ».

Comment favoriser l'estime de soi du jeune enfant ?

Une définition

« *[…] L'estime de soi est la conscience de la valeur personnelle qu'on se reconnaît dans différents domaines. Il s'agit, en quelque sorte, d'un ensemble d'attitudes et de croyances qui nous permettent de faire face au monde*[160] ».

Afin de développer et de maintenir l'estime de soi du jeune enfant, l'adulte doit l'accompagner, à la fois dans sa vie affective, sociale, intellectuelle et morale. En tant que professionnels, nous devons donc proposer aux petits un environnement sécurisant et aimant.

Prendre conscience, en tant que professionnels de la petite enfance, que nous avons un rôle à jouer dans le développement de l'estime de soi du jeune enfant, c'est déjà être dans un accueil bienveillant. Il s'agit, pour cela, de prendre en compte l'individualité de chaque enfant, de reconnaître celui-ci comme un être unique, avec son histoire, son rythme et son développement.

---

160. Duclos, G., (2000) *L'estime de soi, un passeport pour la vie*. Montréal : CHU Sainte-Justine, p. 17.

Le rôle du professionnel

Comment faire pour accompagner au mieux l'enfant dans le développement de son estime de soi ?

Tout d'abord, il est nécessaire de connaître les besoins des tout-petits.

La pyramide des besoins universels, créée par Abraham Maslow[161], est un bon support de réflexion. Celui-ci répertorie cinq besoins universels :

– le besoin physiologique ;

– le besoin de sécurité ;

– le besoin d'appartenance ;

– le besoin d'estime ;

– le besoin de s'accomplir.

Il faut savoir que la pyramide de Maslow fonctionne ainsi : lorsqu'un besoin est satisfait, le suivant de la liste va progressivement prendre sa place.

Nous allons, ici, nous intéresser essentiellement aux quatre premiers besoins cités, le cinquième ayant plus de chance de se réaliser à un âge plus avancé.

161. Abraham Harold Maslow (1908-1970), psychologue américain considéré comme le père de l'approche humaniste.

Les besoins physiologiques des enfants correspondent à leurs besoins primaires : manger, dormir et être soignés. Répondre à ces besoins fait partie de notre quotidien ; c'est, en quelque sorte, la base de notre métier. Il est donc important de réfléchir à ces temps de soins qui occupent une grande partie de la journée du jeune enfant et de les faire évoluer, en fonction du développement et de l'individualité de celui-ci. Lors des repas, par exemple, rendre l'enfant acteur le valorisera et participera à la construction de son estime de soi.

En ce qui concerne **le besoin de sécurité,** nous avons, en tant que professionnels, la responsabilité d'offrir un environnement qui protège l'enfant de tout danger physique, en aménageant un espace doté de jouets et de meubles aux « normes petite enfance ». Mais sous le terme « sécurité », on entend aussi « sécurité affective », qui, elle aussi, est essentielle au bon développement de l'enfant.

Pour cela, il est nécessaire, dans le quotidien de celui-ci, de lui offrir :

– des repères spatiaux. Ceux-ci concernent l'aménagement de l'espace. Plus l'enfant retrouvera les mêmes jouets, les mêmes coins-jeux, etc., plus cela lui permettra de s'orienter, se déplacer, s'organiser, jouer, expérimenter, en toute sérénité ;

– des repères humains. Plus l'enfant sera accompagné par les mêmes professionnels, plus il développera un sentiment de confiance en l'adulte et en lui ;

– des repères temporels. Les enfants ont besoin de routines, de rituels qui leur permettent de comprendre le rythme de la journée. Pour cela, on peut, par exemple, créer une journée type qui va leur permettre, petit à petit, de se représenter la succession des moments forts et de les anticiper :

- 9 heures 30 : regroupement pour se dire bonjour et moment histoires/chansons,
- 10 heures : ateliers,

- 10 heures 45 : jeux libres et soins,
- 11 heures 30 : repas,
- 12 heures : temps calme avec histoires et chansons,
- 12 heures 30 : sieste,
- 15 heures 30 : goûter,
- 16 heures : temps de jeux libres et accueil.

Le besoin d'appartenance. Dès sa naissance, l'enfant est un être social. En collectivité, il va appartenir à un groupe, selon son âge. Au début, il n'en aura pas conscience, ce n'est qu'au fur et à mesure qu'il grandira, qu'il comprendra cela. Il est donc important que l'enfant reste le plus longtemps possible avec le même groupe. Et c'est à nous, professionnels, de faire en sorte que chacun s'intègre à ce groupe, en favorisant les échanges et les interactions entre les enfants. On peut développer chez eux un sentiment d'appartenance au groupe en réfléchissant à un bon aménagement de l'espace dans lequel les enfants pourront se rencontrer, mais également, en accompagnant ceux-ci dans leurs relations sociales, par la verbalisation des situations de conflit et par l'incitation à jouer ensemble.

Le besoin d'estime. À partir du moment où les trois premiers besoins seront satisfaits, l'enfant pourra commencer à s'estimer. Et pour permettre à cette estime de soi de se développer, il va falloir faire vivre à l'enfant des expériences positives. En mettant, par exemple, en place des activités de motricité libre, des activités où il pourra faire des expériences en autonomie et en toute sécurité, en lui laissant le temps de faire les choses par lui-même, comme s'habiller et se déshabiller seul (au début, ce genre de tâches pourra lui prendre énormément de temps, mais au fur et à mesure, il sera de plus en plus agile et efficace), en s'adressant à lui de façon bienveillante, en le valorisant, en lui faisant remarquer ses réussites et en le félicitant.

La construction de l'estime de soi est propre à chacun, chaque enfant la développe dans des domaines différents, aussi bien dans celui de la motricité, de la créativité, du jeu que dans celui des tâches du quotidien... L'important, au fond, c'est que chaque enfant puisse vivre, chaque jour, des réussites. Et en tant que professionnels, cela doit être non seulement la base de notre réflexion, mais également de notre action.

Punir ou sanctionner ?

Nous avons tendance à considérer que les mots « punition » et « sanction » signifient une seule et même action, une seule et même idée. Il s'agirait de corriger une action ou un comportement inacceptable de l'enfant, afin de lui faire respecter les règles et limites imposées par l'adulte.

Or, en réalité, ces deux mots n'envisagent pas la notion de discipline de la même façon, bien au contraire.

Dans leur ouvrage, *Parler pour que les enfants écoutent, écouter pour que les enfants parlent*[162], Adele Faber et Elaine Mazlish nous présentent une façon novatrice de résoudre les problèmes qu'on rencontre dans la relation adulte/enfant. Ainsi, elles nous expliquent comment s'y prendre avec les frustrations des enfants, comment poser des limites fermes, comment résoudre les conflits ou encore comment éviter le recours à la punition.

Qu'est-ce que la punition ?

La punition impose un rapport de force, dans lequel l'une des personnes est dans la position de dominant, alors que

162. Ouvrage paru aux éditions du Phare, en 2012.

l'autre occupe la position de dominé. Le dominant – l'adulte – va donc exercer son pouvoir sur le dominé – l'enfant. L'adulte se trouve, alors, en position de supériorité par rapport à l'enfant.

Lorsqu'un enfant transgresse une règle, cela peut provoquer diverses émotions chez l'adulte : agacement, fatigue, énervement, déception. La punition est une réaction émotionnelle à un comportement perçu comme une transgression ou une faute de la part de l'enfant. La punition semble donc plus en lien avec ce que l'adulte a ressenti qu'en lien avec ce qui s'est réellement produit. La punition est donc subjective, puisqu'elle s'appuie sur des émotions changeantes et propres à chacun.

La punition est vécue comme injuste par les punis, si elle ne s'appuie pas sur des règles claires et énoncées et qu'elle n'est pas la même pour tous.

Elle peut aussi se révéler démesurée et disproportionnée, face à la faute commise ou la situation, mais également inefficace, puisqu'elle est évitable, étant donné qu'elle repose sur le principe du « pas vu, pas pris ». Elle pousse même les enfants à développer des stratégies pour lui échapper, telles que se cacher pour manger ou bien jouer en cachette.

La punition se montre également inefficace, lorsque l'enfant n'a pas les capacités de comprendre ni de réparer son erreur, car il n'en tire aucune leçon morale et est, par conséquent, susceptible de reproduire sa faute.

De plus, la punition peut provoquer des effets négatifs à long terme, que la psychologue Jane Nelsen nomme les « 4 R de la punition[163] » :

- la rancœur : « *C'est pas juste, je ne peux pas faire confiance aux adultes* ! » ;
- la revanche : « *Ça ne va pas se passer comme ça, la prochaine fois, je vais me venger.* » ;
- la rébellion : « *Je vais leur prouver que je peux faire ce que je veux, moi !* » ;
- le retrait : baisse de l'estime de soi.

Qu'est-ce que la sanction ?

La sanction, elle, est éducative, dans le sens où elle stimule l'auto-responsabilisation de l'enfant.

Elle lui permet de faire un lien entre l'action et ses conséquences, c'est la rencontre avec le « principe de réalité », comme

163. Nelsen, J., (2014) *La discipline positive*. Vanves : Marabout.

l'appelait Sigmund Freud dans son texte, *Formulation sur les deux principes du fonctionnement psychique*[164].

L'adulte ne se positionne donc pas comme un dominant mais comme un témoin de la réalité, une réalité dans laquelle les contraintes et les limites sont posées de façon ferme et claire. L'enfant, en pleine connaissance des règles, doit connaître le prix à payer, s'il les transgresse et en assumer les conséquences naturelles et prévisibles qui s'imposeront à lui.

Voici le cadre d'une éducation « sanctionnante » :

- les règles doivent être énoncées de façon claire et comprises par tous ;
- les règles sont les mêmes pour tout le monde ;
- la sanction est adaptée à l'importance de la transgression ;
- une ou plusieurs personnes sont chargées de rappeler les règles et leurs conséquences ;
- la sanction s'applique uniquement en cas de transgression volontaire.

164. Freud, S., (1911) *Formulations sur les deux principes du cours des évènements psychiques.* Trad. J. Laplanche. *In* Psychanalyse à l'Université et repris in : Résultats, idées, problèmes; vol. I. Paris : Puf, 1984, p. 135-143.

Dans son ouvrage, *Sanctionner sans punir. Dire les règles pour vivre ensemble*[165], Élisabeth Maheu nous parle de « sanction réparatrice ». Lorsqu'un enfant transgresse une règle, la sanction réparatrice est l'occasion, pour l'adulte, de se positionner de façon bienveillante et réfléchie face à l'enfant, en lui confiant une responsabilité. La responsabilité de « réparer ». Pour l'enfant, il ne s'agit pas seulement de réparer un objet ou une relation cassée mais également de « se réparer » lui-même. Élisabeth Maheu explique que « *lui demander de réparer, c'est aussi lui dire qu'on croit en lui, et le reconnaître capable d'apporter à la collectivité quelque chose de positif*[166] ».

La sanction réparatrice tend même vers l'idée que l'enfant parvienne lui-même à reconnaître qu'il a fait une erreur, à en assumer les conséquences et à chercher un moyen de réparation.

Une des bases fondamentales de la sanction réparatrice suppose que l'adulte démontre à l'enfant que lui aussi peut commettre des erreurs, les assumer et les réparer. Un enfant peut pardonner une erreur à un adulte qui s'excuse et répare. De plus, grâce au fonctionnement des neurones miroir, il sera plus apte à reconnaître ses propres erreurs et à s'excuser lui aussi.

---

165. Ouvrage publié aux éditions Chronique Sociale, coll. « Savoir communiquer », en 2005.
166. *Ibid.*

Jane Nelsen[167] présente trois étapes dans le processus de réparation :

– reconnaître sa part de responsabilité

Cette première étape permet à l'enfant de comprendre qu'il a porté préjudice à quelqu'un ou quelque chose, même si cela n'était pas son intention. Élisabeth Maheu explique que « *la non-culpabilité ne dispense pas de la responsabilité de réparer*[168] ». L'enfant doit prendre conscience de la responsabilité de ses actes ;

– réconcilier

Cette deuxième étape permet de rétablir une relation plus sereine entre les deux parties engagées. Cela peut passer par des mots comme : « *Je suis désolé, je te demande pardon, je suis allé trop loin* » ;

– résoudre

La dernière étape consiste à chercher des solutions qui pourraient réparer les dommages causés. C'est le moment durant lequel l'enfant va pouvoir réfléchir à ses actes : « *Comment vais-je réparer mes erreurs ? Comment mieux agir la prochaine fois* ? »

167. Nelsen, J., *op. cit.*
168. Maheu, E., *op. cit.*

On peut distinguer deux formes de réparation :

– la réparation directe et matérielle,

– la réparation compensatrice, lorsque il n'est pas possible de réparer ce qui a été endommagé.

Si punir, c'est faire preuve de pouvoir et de puissance, en plaçant l'enfant dans l'impuissance et la soumission, sanctionner, c'est donc faire preuve d'autorité, en confrontant l'enfant à la réalité qui l'entoure. La sanction réparatrice permet à l'enfant de reconnaître ses erreurs, d'en assumer les conséquences et d'apprendre à trouver des solutions de réparation des dommages causés.

Quel genre d'accueil pour un enfant en situation de handicap ?

L'accès à l'ensemble des lieux d'accueil ou de loisirs collectifs est un droit fondamental, y compris pour les personnes en situation de handicap. Ce droit est affirmé par la loi du 11 février 2005[169] sur l'égalité des droits et des chances, la participation et la citoyenneté des personnes handicapées.

La priorité, aujourd'hui, est d'offrir la possibilité à tous les jeunes enfants handicapés de bénéficier d'un accueil en collectivité tenant compte de leurs besoins et de leurs particularités. Malheureusement, ceci est encore loin d'être une réalité, faute de place et de personnel, notamment.

L'Art de repenser l'accueil

Accueillir, dans une structure, un enfant en situation de handicap implique de repenser entièrement l'accueil.

Un enfant en situation de handicap peut présenter une déficience intellectuelle et/ou motrice. Il nous faut choisir,

169. *Cf.* site internet *Legifrance*, service public de la diffusion du droit : http//:www.legifrance.fr

pour lui, un groupe d'âges, au sein duquel il va être intégré. L'enfant peut très bien être âgé de 2 ans et demi mais ne pas être en capacité de marcher ni de parler. Il ne serait donc pas judicieux de lui faire intégrer le groupe des plus grands, car cela pourrait le mettre en échec face à ses camarades, mais aussi en échec dans ses acquisitions et ses apprentissages.

Les enfants en situation de handicap peuvent présenter des caractéristiques qui demandent une attention toute particulière des professionnels. C'est notamment le cas des enfants présentant des troubles du comportement ou encore des enfants dont le handicap fragilise leur santé. Cela implique donc la nécessité d'un personnel supplémentaire, au sein de l'équipe.

L'enfant en situation de handicap ne fréquente pas souvent les structures à temps plein, pour diverses raisons. Certains, par exemple, partagent leur quotidien entre structures d'accueil ordinaires et structures spécialisées. De plus, étant souvent de santé fragile et présentant un seuil de fatigabilité plus élevé que la plupart des autres enfants, un accueil à temps plein ne serait pas du tout adapté. Et, puisque l'accueil de l'enfant demande une vigilance toute particulière de l'équipe, ou bien un personnel supplémentaire, les professionnels de la structure se retrouveront dans l'obligation de ne prévoir cet accueil que sur certains jours de la semaine.

L'accueil d'un enfant en situation de handicap demande des compétences professionnelles spécifiques et spécialisées. Les EJE, de par leur formation, ont des notions d'accompagnement de ce type d'enfants. Une connaissance du développement de l'enfant constitue également une aide précieuse. La collaboration entre auxiliaires de puériculture et EJE est donc indispensable. Aussi, afin d'améliorer les conditions d'accueil des enfants, il est judicieux de proposer, à l'ensemble du personnel de la structure, des formations adéquates comme, par exemple, des formations de sensibilisation à l'autisme ou à la communication non verbale.

Le matériel dont a besoin l'enfant tient aussi une place importante dans son accueil. En effet, ce matériel est spécifique et adapté au handicap de l'enfant, et il lui permet de profiter, au quotidien, des activités, des jeux et des apprentissages, afin de se socialiser et de devenir plus autonome. Un enfant avec un léger handicap physique au niveau des membres supérieurs, par exemple, peut, dans certaines conditions, manger seul et, pour ce faire, a besoin d'une cuillère, d'une assiette et d'un verre adaptés. Ce matériel spécifique, souvent très coûteux, peut être fourni par la famille ou bien financé par la structure.

Pourquoi accueillir un enfant en situation de handicap ?

Pour l'enfant	– maintenir ou créer un **lien social** dans un lieu de vie – mobiliser ses **potentialités** et ses **compétences** et en acquérir d'autres, par l'**émulation** et l'**entraide** du groupe – favoriser sa **socialisation** – contribuer au **changement de regard**, en accueillant simultanément des enfants valides et des enfants en situation de handicap
Pour les parents	– **sortir de l'isolement** et bénéficier d'un lieu d'échange – être **accompagnés** dans leurs affects – reprendre une activité professionnelle et profiter d'un **temps libéré** – être **valorisés** – vivre une relation de **confiance**
Pour les professionnels	– développer et acquérir de **nouvelles compétences** professionnelles : lien théorie/pratique, adaptation, patience, juste distance professionnelle... – rencontrer et **découvrir les particularités et difficultés** des enfants en situation de handicap – jouer un rôle de **coéducateur** avec la famille – avoir l'occasion de travailler en **transdisciplinarité** avec des structures et professions spécialisées : Centre d'action médico-sociale précoce (CAMSP), rééducateurs, psychologues, psychiatres...

Béatrice[170], auxiliaire de puériculture, nous parle de son expérience dans une crèche toute particulière :

« *Il y a quelques années, j'ai travaillé dans une structure accueillant 30 % d'enfants en situation de handicap. L'accueil se faisait de jour, comme pour une structure classique, mais cette structure était atypique car elle accueillait simultanément des enfants handicapés et non-handicapés. Nous travaillions en collaboration avec une équipe ressource composée d'un médecin, d'une*

170. Co-auteur du présent ouvrage.

psychologue et d'une psychomotricienne. Cette expérience a été, pour moi, un volcan d'émotions : des moments de joie, comme lorsque j'ai vu ce petit garçon de 3 ans marcher pour la première fois en me tendant les bras ; des moments de doutes, lorsque je n'arrivais pas à canaliser les crises d'un enfant atteint de troubles du comportement ; des moments de tristesse, lorsqu'un enfant a dû subir une intervention médicale délicate. Chaque petit progrès était, pour moi, une victoire et je vivais chaque régression comme un challenge à remporter. Il n'est pas toujours facile d'avoir le recul professionnel nécessaire permettant de ne pas être envahi(e) par ses émotions. Cette expérience a été très enrichissante. Les enfants en situation de handicap m'ont énormément apporté, tant sur le plan professionnel que personnel ».

Un enfant en situation de handicap, mineur ou majeur, présentant une maladie chronique ou des particularités comportementales, reste, avant tout, un enfant. Un enfant parmi les autres et pour lequel le respect de sa dignité et de ses droits passe par la volonté de lui offrir une réelle égalité de chances.

Qu'est-ce que l'adaptation ?

Voilà un sujet très important dans le « parcours d'entrée » en crèche ! On parle de « *période d'adaptation* » ou encore de « période de familiarisation », mais de quoi s'agit-il vraiment ? À quoi cela sert-il ? Quelle durée et quels intérêts pour nous, en tant que professionnels, pour l'enfant mais également pour les parents ?

Ce temps d'adaptation permet de créer un lien parents-professionnels et un lien enfant-professionnels, d'apprendre à se connaître et ainsi d'établir, au fil des jours, un lien de confiance dans ce « trio ». Il est conseillé que l'adaptation soit menée par un professionnel du groupe qui sera le référent de l'enfant. Cela permet de rassurer le parent : il a moins l'impression de laisser son enfant à une structure qu'à une personne. Ce référent sert, alors, de relais parental et l'adaptation s'en trouve facilitée.

En ce qui concerne la durée de la période d'adaptation, celle-ci est définie dans le projet *pédagogique de la structure (une semaine ou dix jours, par exemple*). Cette durée dépend aussi et, avant tout, de l'enfant ! *Elle peut donc être, bien évidemment, plus longue, selon les besoins.*

Comme l'a dit la psychologue clinicienne, Chantal Fleury, dans l'un de ses colloques sur l'attachement[171] auquel l'une d'entre nous a participé : « *Il est important de porter l'enfant, dans les gestes comme dans les paroles. Il faut respecter le temps "propre" de l'enfant à s'adapter. Un travail psychique sur l'enfant doit être fait, car l'enfant étant unique, le travail que l'on va mettre en place pour lui durant l'adaptation doit, lui aussi, être unique. [...]*

Il faut accueillir le parent et non accueillir la représentation que l'on se fait du parent. »

Les intérêts de la période d'adaptation

La période d'adaptation est bénéfique pour :

171. Colloque du 19/05/2014 : « Attachement, Séparations & Retrouvailles à la crèche et chez l'assistante maternelle » organisé par Zo&Ki.

– les parents : découvrir le lieu où leur enfant va passer ses journées, découvrir le rythme et l'emploi du temps de la crèche, partager et échanger avec les professionnels, créer un lien de confiance avec les professionnels, trouver ses repères, découvrir le projet éducatif de l'établissement, poser des questions ;

– l'enfant : découvrir progressivement son nouveau lieu de vie, découvrir les enfants avec lesquels il va passer ses journées, apprendre à connaître les professionnels qui vont s'occuper de lui, trouver ses repères, découvrir le rythme de la crèche (repas, sieste, temps de jeux, etc.), découvrir les jeux de la crèche, commencer à apprendre les « règles de vie » de la crèche ;

– les professionnels : découvrir les habitudes de vie de l'enfant, créer un lien de confiance avec les parents et l'enfant, informer les parents sur le fonctionnement de la crèche, rassurer les parents et répondre à leurs questions.

Quelques conseils

Afin d'optimiser la période d'adaptation, les professionnels peuvent :

– préparer en amont les questions à poser aux parents ;

– rassurer les parents au mieux, en se montrant bienveillants ;

– observer l'enfant, interagir avec lui, sans jamais le forcer ;

– être dans l'écoute active du parent ;

– éviter le face à face, privilégier le « côte à côte » ;

– se montrer disponible ;

– rester dans le non-jugement.

Avant la période d'adaptation, lors de la première rencontre avec les parents, les professionnels de la structure peuvent les préparer, en leur disant :

– « *N'hésitez pas à poser toutes les questions que vous souhaitez* » ;

– « *Pensez à apporter le doudou et/ou la tétine de votre enfant* » ;

– « *Prenez votre temps pour discuter avec les professionnels* » ;

– « *N'hésitez pas à parler aux professionnels de vos angoisses, ils sont là, aussi pour ça* » ;

– « *Parlez à votre enfant, il comprend* » ;

– « *Rassurez votre enfant au mieux, avec des paroles positives et réconfortantes* » ;

– « *Lors des séparations, ne faites pas durer les "au-revoir" trop longtemps* » ;

– « *Dîtes à votre enfant qui viendra le rechercher à la crèche* » ;

– « *Respectez les horaires de l'adaptation, pour que l'équipe vous accueille au mieux* ».

Mais, mieux vaut éviter de dire : « *Montrer à votre enfant que vous avez confiance, afin qu'il le soit à son tour* », car le parent qui arrive à la crèche n'est que *rarement* en totale confiance. Or, l'enfant ressent tout comme ses parents, il les connaît et sent, à l'intonation de leur voix, à leur comportement, à leurs gestes, ce qu'ils vivent intérieurement. Il est, donc, inutile d'essayer de lui cacher leurs ressentis. L'important, dans l'adaptation, est qu'ensemble, parents et enfant arrivent à se sentir « bien ». Bien avec les professionnels et bien dans ce nouveau lieu, qui va désormais faire partie de leur quotidien !

Différents « types » de période d'adaptation

Il existe différentes manières d'envisager cette période d'adaptation. Nous ne vous dirons pas ici que l'une est meilleure que l'autre – ce n'est pas le but –, mais nous allons plutôt vous donner des exemples susceptibles de vous inspirer et de vous inciter à vous questionner sur votre manière d'aborder ce sujet, en gardant, bien entendu, toujours à l'esprit que chaque famille étant différente, il convient d'adapter au mieux le projet à celle-ci, dans la mesure du possible, bien évidemment.

Période d'adaptation progressive avec parent, puis séparation évolutive

L'enfant vient, avec l'un de ses parents, passer de petits moments dans la section, puis, petit à petit, tous deux restent plus longtemps. Par la suite, l'enfant reste aussi pour le repas, qui lui est donné par son parent, ce qui permet au professionnel d'observer le déroulement de celui-ci. Une petite séparation, de trente minutes, par exemple, est proposée au bout du troisième jour, mais le parent est invité à rester dans l'enceinte de la structure, pour qu'on puisse facilement venir le chercher, si la séparation s'avère trop compliquée pour l'enfant. Le but est de procéder par courtes étapes qui vont, petit à petit, s'allonger.

Présence continue des parents, aucune séparation obligatoire

Le parent choisit le moment qui lui convient le mieux pour proposer une séparation. Si, durant toute la période d'adaptation, il ne s'y sent pas prêt, rien ne l'y oblige. Comme l'a dit la psychologue clinicienne, Françoise Laoufir, durant une formation sur la personne de référence[172] : « *On n'apprend pas à un enfant à se séparer de son parent, alors pourquoi essayer de faire des séparations petit à petit ?* » À méditer...

172. Formation du 8/12/2014 : « L'accueil, l'écoute, l'accompagnement des parents dans les établissements d'accueil petite enfance » organisée par le CNFPT.

Dans une pièce dédiée, hors section

La famille est accueillie dans une pièce dédiée à la période d'adaptation. Durant les trois premiers jours, l'enfant découvre cette pièce avec les mêmes objets et les mêmes jouets à sa disposition. Le professionnel référent en profite pour échanger avec le parent et l'enfant, dans un cadre privilégié et rassurant. C'est au quatrième jour seulement que la famille sera invitée à découvrir la section de l'enfant.

« Panier » de jouets réservés

Un « panier » peut être préparé, avec quelques jouets adaptés à l'âge de l'enfant accueilli, et lui être proposé, lors de sa venue, tout au long de l'adaptation. Cela permet à l'enfant d'avoir des repères concrets – il retrouve toujours les mêmes jouets –, tout en se familiarisant, en douceur, avec le lieu. Ceci est très rassurant pour lui.

Plusieurs familles simultanément

Il arrive que, dans certaines structures, les adaptations se fassent avec plusieurs familles en même temps, le plus souvent, par manque de temps ou parce que l'organisation oblige l'équipe à procéder ainsi. Ce fonctionnement doit, pourtant, être bien étudié en amont, afin de garder une part d'accueil individualisé pour chaque famille, qui reste, malgré tout, unique.

Il ne faut surtout pas oublier que la période d'adaptation fait totalement partie du projet pédagogique et éducatif de l'établissement, qui est le résultat d'une réflexion approfondie au sein de l'équipe pluridisciplinaire. Il convient d'étudier les meilleures possibilités, afin que la famille comme les professionnels la vivent au mieux.

Pour en savoir plus, vous pouvez consulter ces sites internet :

– site de l'Union nationale des syndicats autonomes des assistants maternels et familiaux (UNSA-ASSMAT)[173] ;

– site de l'Office de la naissance et de l'enfance (ONE)[174].

Pour conclure ce chapitre, nous aimerions vous faire partager cette citation du *Petit Prince*[175], car elle nous semble parfaitement se prêter à notre thème :

« – *Qu'est-ce que signifie "apprivoiser" ?*

173. http://www.unsa-assmat.org/medias/files/periode-de-familiarisation.pdf
174. http://www.one.be/uploads/tx_ttproducts/datasheet/A_la_rencontre_des_familles_one.pdf
175. Saint-Exupéry, A., de, (1943) *The Little Prince*. New York : Reynal & Hitchcock ; (1946) *Le Petit Prince*. Pairs : Gallimard.

– C'est une chose trop oubliée, dit le renard. Ça signifie "créer des liens..."

– Créer des liens ?

– Bien sûr, dit le renard. Tu n'es encore pour moi qu'un petit garçon tout semblable à cent mille petits garçons. Et je n'ai pas besoin de toi. Et tu n'as pas besoin de moi non plus. Je ne suis pour toi qu'un renard semblable à cent mille renards. Mais, si tu m'apprivoises, nous aurons besoin l'un de l'autre. Tu seras pour moi unique au monde. Je serai pour toi unique au monde... ».

QU'EST-CE QUE LES SECTIONS EN « PETITES FAMILLES » ?

Voilà un projet qui peut beaucoup motiver une équipe, mais aussi, parfois, lui faire peur. Le projet de sections multi-âges, appelé « petites familles », a été testé par l'une d'entre nous[176], lors de stages. Ayant également travaillé dans des structures fonctionnant en sections d'âges homogènes, elle a pu apprécier les avantages et inconvénients de ces deux façons de travailler, bien distinctes mais toutes deux intéressantes.

---

176. Grace Viellard, l'un des coauteurs de ce manuel. *Cf.* sa présentation p. 11.

Le fonctionnement en « petites familles » est, cependant, moins répandu, mais nous allons, tout de même, vous le présenter en vous parlant de ses avantages et inconvénients et de ce que peuvent en penser les parents.

De quoi s'agit-il ?

Le fonctionnement en âges mélangés peut faire partie intégrante du projet pédagogique d'une structure, et consiste à décloisonner les tranches d'âges dans une même section. Au lieu de proposer une répartition classique entre section « bébés », section « moyens » et section « grands », la structure se compose de plusieurs sections où se retrouvent tous les âges confondus. Cela implique donc de penser à chaque tranche d'âge avec équité et de prévoir une organisation bien particulière, au niveau des jeux proposés et de l'aménagement de l'espace.

Le point de vue des parents

Un petit sondage a été effectué au sein de la structure[177] où j'exerce, afin de savoir ce qu'en pensent les parents et, ainsi, d'apprécier l'évolution de leurs points de vue, au fil du temps.

177. Multi-accueil municipal fonctionnant en sections d'âges mélangés.

Il en est ressorti qu'ils avaient parfois des appréhensions à leur arrivée : peur que les plus grands ne fassent pas attention aux plus petits, que les temps de sommeil de leur enfant soient impactés ou encore qu'une partie des enfants soit lésée, au niveau des activités. Ce sont là des craintes tout à fait compréhensibles, qu'il est important d'entendre, lors de la période d'adaptation. Notre rôle est, donc, de rassurer les parents, sans pour autant minimiser les risques.

Après avoir fait un « bilan » des journées de leur enfant à la crèche, ces parents interrogés ont, finalement, fait des retours plutôt positifs, sur ce fonctionnement. D'après eux, leur enfant paraissait plus partageur, moins brutal, très protecteur envers les plus petits, et il se dégageait de lui une envie d'aider et une certaine notion de responsabilité. Ils évoquaient également la nécessité d'une grande motivation de l'équipe et le caractère essentiel d'une bonne organisation.

Le point de vue des professionnels

Travailler en section d'âges mélangés offre de nombreux avantages, dans le quotidien des professionnels. Tout d'abord, cela permet de côtoyer les trois tranches d'âges, en continu, tout au long de l'année et, donc, d'entretenir ses connaissances et sa pratique auprès de ces enfants d'âges très différents. Les professionnels semblent ressentir moins de monotonie qu'en sections d'âges homogènes et décrivent leur groupe comme beaucoup plus calme et moins agressif. Ce type de fonctionnement offre un large choix de jouets et de jeux dans un même espace, ce qui s'avère bénéfique pour les enfants.

Bien évidemment, certains inconvénients ressortent aussi de cette expérience. Ce système demande, en effet, beaucoup de vigilance de la part de l'équipe, surtout en début d'année, avec les plus petits, le temps que le groupe apprenne à vivre ensemble. L'aménagement de l'espace doit être pensé pour tous les âges à la fois, pour que chaque enfant, quel que soit son stade de développement, puisse s'y retrouver. Il est également à noter que les absences du personnel peuvent mettre à mal ce fonctionnement. Mieux vaut donc avoir réfléchi, en amont, à une organisation tenant compte de ce cas de figure.

Quels avantages pour l'enfant ?

Et l'enfant dans tout ça ? Les sections en « petites familles » sont un réel bénéfice pour l'enfant. Elles ont pour avantage :

- moins d'attente lors des repas ;
- l'envie d'aider et le sens des responsabilités des plus grands envers les plus petits ;
- des enfants plus partageurs ;

– pour les plus jeunes, l'envie de faire « comme les grands », qui deviennent un exemple ;

– le soutien des plus grands envers les plus petits…

Comme tout projet, il suffit qu'il soit bien étudié, organisé et réfléchi en amont. Un bon travail d'équipe ne peut donner qu'une bonne structure « petites familles » !

Lancez-vous !

Qu'est-ce que les transmissions ?

Comme il l'est défini dans le domaine des soins infirmiers, la transmission est « *une action de faire parvenir d'une personne à une autre des informations, des connaissances*[178] ». Autant dire que celles-ci sont la base de notre travail, au quotidien. Quant aux transmissions, qu'il s'agisse de celles entre professionnels ou de celles entre parents et professionnels, elles sont essentielles au bon accomplissement de notre mission. Les transmissions peuvent être orales ou écrites, elles sont, en tout cas, importantes, parfois même obligatoires.

Les transmissions parents-professionnels

Les transmissions qui se déroulent le matin, lors de l'accueil de l'enfant, permettent d'accueillir non seulement l'enfant, mais également l'« histoire » qu'il a vécue de la maison jusqu'à la crèche. On se focalise surtout sur les choses importantes, qui vont pouvoir nous aider à nous occuper de l'enfant, dans les meilleures conditions possibles, pendant la journée, à savoir : comment s'est passée la nuit, s'il a bien déjeuné, s'il y a

178. Site internet *EspaceSoignant.com* :
http://www.soins-infirmiers.com/transmissionsorales.php

des choses particulières à nous signaler, etc. Lors de ce moment, c'est le parent qui nous transmet un message et qui se place, donc, en position d'émetteur. Le professionnel tient, pour sa part, la place de récepteur. Cette situation va s'inverser, lors des transmissions du soir, pendant lesquelles le professionnel restituera au parent les différents moments de la journée de son enfant, en lui relatant, par exemple, les moments forts ou bien des anecdotes, afin de lui permettre de les partager – et d'en rire, parfois – avec son enfant.

Il faut, tout de même, rester vigilant, car on se rend parfois compte qu'avec le quotidien et la répétition, on finit par dire les mêmes choses aux parents, comme, qu'il a passé une bonne journée, qu'il a dormi deux heures puis qu'il a très bien mangé ce midi – *Il y avait du riz avec du poisson. Voilà, bonne soirée et à demain !*. Voici un discours que nous avons tous déjà tenu ! Aussi, nous pensons qu'il est important d'y réfléchir en équipe, en se mettant à la place du parent.

N'oublions pas que les transmissions ont un rôle à jouer dans la coéducation. Un parent peut profiter de ce temps pour poser des questions, s'informer sur le développement de l'enfant, évoquer ses difficultés, et bien d'autres choses encore. Il s'agit donc de se montrer attentifs à ses attentes et essayer d'y répondre en fonction de ce qu'il exprime. Pour un parent, ce n'est pas évident de se remettre en question, et de montrer qu'il est en difficulté dans son rôle. Il est donc important que le professionnel se saisisse de cette « ouverture », qui est une marque de confiance de la part du parent. Que lui répondre ? Comment réagir ?

Notre rôle est, tout d'abord, d'être dans l'écoute active et dans l'empathie. On laisse le parent s'exprimer et extérioriser ses craintes, puis on l'amène à se questionner sur ses réactions. En reformulant ses questions et en le laissant réfléchir, on peut favoriser « l'intuition parentale », comme l'a mentionné Christine Roy[179], lors d'une formation sur « *l'accueil, l'écoute et l'accompagnement des parents, dans les établissements d'accueil petite enfance*[180] ». C'est, en partie, en suivant ce principe que l'on évitera tout positionnement de « domination » sur le parent, qui pourrait amener certains parents à se sentir jugés et inférieurs, face aux connaissances du professionnel.

Rappelons aussi l'importance de la distance professionnelle. Une « bonne » distance professionnelle permet de préserver l'autre, mais également de se préserver soi-même de tout débordement qui pourrait s'avérer dommageable pour la relation.

179. Psychanalyste à la Maison verte.
180. Formation du 8/12/2014 : « L'accueil, l'écoute, l'accompagnement des parents dans les établissements d'accueil petite enfance » organisée par le CNFPT.

Les transmissions entre professionnels

Elles permettent d'assurer, à l'intérieur même de la structure, une continuité dans la prise en charge de l'enfant, tout au long de la journée.

Évoquons, tout d'abord, les transmissions écrites, qui permettent à tout professionnel qui va s'occuper de l'enfant de s'y référer. Recueil précieux de la vie de l'enfant, ce cahier de transmissions est un outil d'observation incontournable. Nous pouvons, en effet, le consulter pour suivre l'évolution de l'enfant : son sommeil, ses habitudes alimentaires, ses progrès en terme de développement, etc.

Quant aux transmissions orales, qu'on réalise à l'arrivée d'un nouveau collègue, elles sont une sorte de « passage de relais », un partage d'informations riches qui soutient les transmissions écrites, généralement plus brèves. Cet échange entre professionnels favorise la cohérence et l'esprit d'équipe.

Les différents outils

Il faut décider, en équipe, d'un support adapté où peuvent se retrouver toutes les transmissions faites par le parent, le matin, puis les annotations des professionnels, inscrites tout au long de la journée et retransmises au parent, le soir.

Voici quelques exemples de support possibles :

- les feuilles volantes (une feuille par enfant, par semaine) ;
- un cahier individuel (qui peut également faire le lien maison-crèche) ;
- un cahier ou un classeur par section (avec un intercalaire par enfant).

Quel que soit votre choix, quant à l'outil utilisé, il est important de penser à la simplicité d'utilisation, au quotidien (pas de support trop lourd ou trop encombrant, support facile à remplir, etc.), ainsi qu'à l'aspect personnel des informations échangées concernant chaque enfant.

Repenser l'environnement de ce temps d'échanges

Comment procéder, lors de ces temps de transmissions ? Quelles conditions réunir pour réaliser les transmissions ? Peut-on faire l'accueil d'un parent et de son enfant, alors que deux autres patientent juste à côté ? Le second parent a-t-il à entendre ce que le premier souhaite nous transmettre ? Peut-on trouver des solutions face à ce type de situations qui reviennent fréquemment ?

Pour répondre à ces différentes questions, il serait judicieux de penser au secret professionnel et à l'individualité de l'accueil. Certains professionnels font le choix d'accueillir les parents et leur(s) enfant(s), chacun leur tour. Un panneau sur la porte d'entrée de la section indique la présence ou non d'un parent dans la section. Si tel est le cas, le parent doit alors attendre « son tour ». Ce fonctionnement permet un temps individualisé, propice à l'échange et une séparation plus douce entre l'enfant et son parent.

Si vous souhaitez approfondir le sujet, vous pouvez consulter :

– Moisset, P., (2012) Les parents face à la restitution de la journée ordinaire de leur enfant en crèche. *Métiers de la petite enfance, 193*(19) : 8-10.

– le site internet de l'association « Une Souris Verte » : http://enfant-different.org/component/content/article/595-comment-restituer-la-journee-creche.html

Qu'est-ce que le lien d'attachement ?

On entend beaucoup parler de « *lien d'attachement* », mais de quoi s'agit-il vraiment ? À quoi sert-il ? Est-ce un lien uniquement familial ? Un enfant peut-il avoir plusieurs liens d'attachement ? Celui-ci peut-il devenir néfaste ?

Qui n'a jamais entendu que « cet enfant est beaucoup trop attaché à sa mère ! » ou à tel(le) professionnel(le) ? Beaucoup d'a priori autour de cette question, selon nous...

Théorie de l'attachement

Le premier psychanalyste à avoir élaboré la théorie de l'attachement est l'Anglais John Bowlby. Celui-ci a, en effet, mis en avant l'importance du lien d'attachement entre le nourrisson et la personne qui lui prodigue, de manière régulière, les soins, tels que la nourriture, la toilette, le portage, les câlins. Selon lui, le besoin vital de sécurité affective n'est comblé que si cet attachement existe. Or, ce n'est qu'à partir du moment où l'enfant est « sécurisé », qu'il peut s'épanouir et poursuivre correctement son développement, mais aussi, mieux se séparer psychiquement et physiquement, et donc aller vers l'autonomie et l'indépendance.

On peut donc dire que, lorsque l'enfant sait qu'il peut compter sur une personne à tout moment, qu'il s'agisse d'un besoin primaire à combler ou simplement de faire face à un sentiment de peur, de tristesse, il est « sécurisé ».

Si ce lien n'existe pas ?

Suite à la théorie de John Bowlby, la psychologue Mary Ainsworth parlera d'enfants « insécures » et classifiera, à la suite de plusieurs travaux, les différents types d'attachement. L'un de ces travaux est appelé la *Strange Situation* : il s'agit d'une étude visant à évaluer le type d'attachement d'un enfant. Elle consiste à placer un enfant avec son parent dans une pièce fermée, avec quelques jouets à sa disposition, et de faire venir une personne inconnue, quelques minutes après leur arrivée. Le parent sort de la pièce durant trois minutes, laissant l'enfant seul avec l'inconnu, puis revient durant trois minutes et repart une nouvelle fois, pour la même durée. Durant ce temps, le parent peut observer la scène, à travers un miroir teinté installé dans la pièce. Les différentes réactions de l'enfant sont alors décryptées et démontrent quel type d'attachement il existe entre son parent et lui.

Si l'enfant n'a pas de quoi s'attacher, ou si le lien d'attachement est insécurisant, il se retrouve, alors, en carence affective.

À l'âge d'1 an, il y aurait environ 30 % d'enfants souffrant de cette carence.[181]

Ces enfants dits « insécures » sont des enfants qui peuvent minimiser leurs émotions et être même « évitants », face à la situation de séparation d'avec leur figure d'attachement (généralement leur parent). Ils peuvent sembler totalement détachés, alors qu'en réalité, ils sont souvent en détresse. Ce comportement découle d'une **mauvaise** mise en place du lien d'attachement. La personne en charge de l'enfant n'a pas dû être suffisamment présente et disponible pour pouvoir répondre aux besoins et attentes du nourrisson, et notamment à ses besoins physiques, tels que le portage et le bercement (« *holding* », en anglais). De ce fait, l'enfant trouve, comme moyen de « survie », une autonomie précoce, ou, à l'inverse, montre une grande difficulté à se séparer de sa figure d'attachement, difficulté qu'il manifeste par des pleurs et des cris, en s'agrippant littéralement à son parent.

Notre définition de l'attachement

Quand on pense « attachement », on pense, de suite, à la figure maternelle, à ce lien invisible qui lie, dans la plupart des

181. Selon Blaise Pierrehumbert, docteur en psychologie de l'Université de Genève.

cas, l'enfant à sa mère, de manière totalement naturelle. C'est quelque chose qui se ressent au fond de soi, très intimement... Lorsqu'on pousse sa pensée un peu plus loin, on pense à l'attachement non-familial, celui qui existe entre deux amis ou deux amants, ou encore entre un enfant et un professionnel en charge de lui.

Pensez-vous que l'attachement soit indispensable, dans notre métier ? En ce qui nous concerne, nous répondrons sans hésitation : « Oui, évidemment ! ». Car selon nous, on ne peut créer de relation de confiance sans attachement, aussi minime soit-il. Attention, nous ne parlons pas ici d'amour, mais d'attachement, ce qui n'est pas pareil. En tant que professionnels, nous nous attachons à certains enfants plus qu'à d'autres. C'est un fait, et il est inutile de le nier. On aura beau entendre et/ou dire que nous agissons de façon identique avec chaque enfant, cela est faux et impossible, car nous ne sommes pas des robots ! Chaque être humain est unique et, donc, il va de soi que chaque *lien d'attachement* l'est également. Nous aussi, nous avons notre vécu, notre quotidien, nos affects et tout ce qu'il y a autour. Tout ceci a, par la force des choses, un impact sur notre attachement vis-à-vis de ces enfants dont nous nous occupons. Mais l'essentiel est de garder en tête, à chaque instant, que cette relation que nous avons avec ces enfants est purement professionnelle. Il s'agit de notre métier, pas de notre vie privée. Nous ne devons pas entrer dans l'univers de l'enfant au-delà du cadre professionnel et des tâches qui s'y rattachent. D'autre part, il est fondamental que, malgré notre attachement quelque peu différent pour chaque enfant accueilli, nous répondions aux besoins de ceux-ci de manière égale !

Toute la nuance est là.

Quelle place pour les câlins, bisous et surnoms ?

Voici un sujet qui fait souvent débat dans les équipes accueillantes et qui mérite qu'on s'y attarde, lors d'une réunion d'équipe, par exemple.

Les discours entendus, lors de nos différentes formations, qu'il s'agisse de celle d'EJE, de celle d'auxiliaire de puériculture ou encore de celle du CAP petite enfance, se rejoignent tous pour dire qu'il est essentiel de garder une distance professionnelle avec les enfants dont nous nous occupons quotidiennement. Bien entendu, nous ne reviendrons pas sur cette directive, car cette distance est indispensable, mais nous aimerions, malgré tout, nuancer et approfondir les choses.

Que signifie « sécurité affective » ?

Selon le *Larousse*[182], la « sécurité » est définie comme la « *situation de quelqu'un qui se sent à l'abri du danger, qui est rassuré* », et « affective » comme quelque chose « *qui concerne les sentiments, les émotions, la sensibilité* ».

182. *Cf.* site internet des éditions Larousse : http://www.larousse.fr

La sécurité affective des tout-petits, mais également des plus grands, est essentielle à leur bon développement psychique. En effet, comme le dit la définition, l'enfant doit se sentir en sécurité à chaque instant, et doit être rapidement rassuré, lorsque ce n'est pas le cas. Il ne doit pas se sentir négligé ni abandonné, mais entouré et soutenu, en tant que personne. C'est, donc, en toute logique que la relève doit être prise par l'équipe accueillante, lorsque les parents ne peuvent assurer cette sécurité affective à leur enfant, du fait de leur absence. Cela permet d'assurer une continuité.

Notre rôle

Dans notre travail quotidien auprès des enfants, il nous est demandé, entre autres, de répondre aux besoins de l'enfant en l'absence de ses parents, d'**assurer sa sécurité physique, psychique et affective**. Nous sommes, donc, amenés à porter l'enfant, dans tous les sens du terme. Le câliner, lui faire un bisou ou lui en rendre un fait parti de notre quotidien. On entend parfois dire : « *Mais nous n'avons pas à donner un bisou ou faire un câlin à un enfant, nous ne sommes pas intimes ! Pour quelles raisons devrions-nous le faire ? Nous ne sommes pas ses parents !* ». En ce qui nous concerne, nous respectons ce discours, cependant, nous aimerions avancer cet argument, essentiel à nos yeux : l'enfant, que veut-il, lui ? De quoi a-t-il besoin ? C'est là qu'est la vraie question.

Certains enfants ont besoin d'un câlin pour consoler leur chagrin. Ils ne le demandent pas forcément avec des mots mais ressentent cependant – le professionnel s'en rend bien compte, par son observation – le besoin d'être contenus par les bras de l'adulte. Certains enfants ont – certes, par habitude parfois – envie de nous donner un bisou sur la joue, en partant de la crèche ou au cours de la journée.

En réalité, il existe autant d'enfants que de situations potentielles, où le besoin d'un bisou ou d'un câlin peut se faire ressentir. Refuser de répondre à cette demande de l'enfant ou la nier est, à notre sens, tout aussi néfaste que de passer à côté d'un soin plus évident, comme un change de couche souillée.

Les limites

Si la sécurité affective est essentielle au bon développement de l'enfant – on ne peut remettre en question l'un de ces fondamentaux –, celle-ci doit, cependant, reposer sur des bases saines et réfléchies. Sommes-nous dans notre rôle, si nous demandons à un enfant un bisou sur la joue ? Ou si nous le prenons dans les bras pour un petit câlin, alors qu'il n'a

rien demandé ? Soyons honnêtes, nous avons tous, au moins une fois dans notre carrière, agit de la sorte. Si cela n'est pas blâmable, il serait cependant souhaitable de prendre du recul, de s'informer et de réfléchir aux raisons de notre pulsion, afin que cela ne devienne pas répétitif.

Penser en priorité à l'enfant, voilà la démarche d'un bon professionnel !

Quid des surnoms ?

Considérés par Christine Schuhl[183] – et bien d'autres ! – comme l'une des douces violences pratiquées en structure d'accueil petite enfance, les surnoms donnés aux enfants ne seraient pas aussi mignons qu'on le pense, au premier abord ! Il est vrai que c'est souvent plus fort que nous, le surnom affectueux sort tout seul, lorsque l'on parle à l'enfant (« Loulou », « ma puce », « mon petit »...). Il n'y a pas de mal à ça, diriez-vous, et pourtant...

Approfondissons un peu le sujet. Le parent est-il d'accord avec cette dénomination que nous donnons à son enfant ? Oserait-il nous le dire, si ce n'était pas le cas ? L'enfant apprécie-t-il ce surnom ? Est-il en mesure de nous le faire savoir ? Nous sommes-nous mis à sa place ? Autant de questions que l'on ne prend pas forcément le temps de se poser, dans notre quotidien, et qui auraient pourtant toute leur importance !

Lorsqu'il est surnommé, l'enfant perd, en quelque sorte, son identité propre, il est presque, pourrait-on dire, dénaturé. Mettons-nous quelques secondes à sa place : bébé, il ne sait pas comment il s'appelle, ni qui il est. Il ne sait même pas

183. Éducatrice de jeunes enfants montessorienne et diplômée d'Études Appliquées en sciences de l'éducation.

encore qu'il est une personne à part entière. Comment peut-il apprendre qui il est, si d'une personne à l'autre, il est appelé différemment ? Il doit se sentir perdu, dans sa construction de lui-même, de son identité. Appeler l'enfant par son prénom montre, donc, un respect de son identité, mais également une marque de bonne distance professionnelle.

Nous vous accordons bien volontiers qu'il ne soit pas évident de chasser ses habitudes, mais y réfléchir et essayer progressivement de les changer, c'est déjà un grand pas vers la réussite !

Quelle place pour la découverte sonore ?

Le jeune enfant est, naturellement, un explorateur de sons et de rythmes. En collectivité, nous avons tous, en tant que professionnels, pu observer que les enfants adorent « faire du bruit » : taper sur la table avec les puzzles, avec leurs cuillères, frapper sur les vitres, etc. Il suffit qu'un enfant en fasse l'expérience pour qu'un groupe entier l'accompagne. En plus de tester les limites, il s'agit là, pour l'enfant, de véritables expériences sonores.

L'accompagnement

Le niveau sonore en crèche est élevé, lors de certaines activités : soixante dix-sept décibels, en moyenne, pour une petite section de crèche, jusqu'à cent décibels, en cas de cris et de pleurs[184]. À titre indicatif, le seuil de danger pour l'oreille est de quatre-vingt-cinq décibels... L'exposition au bruit favorise le stress des professionnels et l'excitation des enfants. L'exposition sonore élevée peut provoquer, à long terme, des troubles de

184. Source : brochure *Travail en crèche : le bruit*, réalisée par ast lor'n, la santé au travail en Lorraine nord.
http://www.astlorn.org/wp-content/uploads/2013/05/PLAQUETTE-AST-LORN-Creches-BRUIT.pdf

l'audition non négligeables : acouphènes, hypoacousie, hyperacousie, etc.

Voici, ici, diverses propositions pour accompagner l'enfant dans sa découverte sonore, tout en donnant un cadre et des limites :

– décrire verbalement ce que fait l'enfant : « *Je vois que tu aimes taper fort sur la table, ça fait beaucoup de bruit* » ;

– lui proposer une autre surface d'expérimentation : « *Je te propose de taper sur le tapis, ça fera un autre bruit, moins fort. Viens, je te montre* » ;

- laisser quelques instruments à la disposition des enfants. Mais attention aux choix de ceux-ci ! Mieux vaut privilégier les instruments les moins stridents : les bâtons de pluie plutôt que les triangles ;
- organiser régulièrement des ateliers d'éveil musical.

Les ateliers d'éveil musical

D'après le dictionnaire *Le petit Larousse*[185] , la musique, c'est « [l']*art qui permet à l'homme de s'exprimer par l'intermédiaire des sons ; production de cet art : œuvre musicale* ».

La « Philharmonie de Paris » de la Cité de la musique définit l'éveil musical comme étant les « *explorations sonores, premiers plaisirs musicaux, chant, découverte de nombreux instruments du monde, créations collectives…*[186] ».

En section de bébés

Le fœtus, *in utero*, perçoit les sons vers l'âge de 6 mois : les voix, les musiques mais aussi les sons de l'organisme produits par sa mère. À sa naissance, le bébé est très réceptif à son environnement sonore, il est très sensible à la voix des personnes qui s'adressent à lui et surtout à celles de ses parents. Le ton de la

185. www.larousse.fr
186. http://philharmoniedeparis.fr/en/node/776

voix est déterminant pour la création d'un environnement serein et calme. Jusqu'aux environs de 2 ans, les enfants découvrent le monde qui les entoure par la bouche. Il en va de même pour les instruments de musique. Aussi est-il important de les laisser porter ces objets à la bouche et de veiller, bien entendu, à l'état des instruments, pour une découverte en toute sécurité !

Voici quelques idées à mettre en place :

– chanter, à tout moment de la journée, des comptines, en modulant sa voix ;
– s'asseoir avec les enfants et proposer un temps chansons, en mettant des instruments à disposition. Tous les instruments peuvent, ainsi, être explorés, certains étant plus particulièrement adaptés à leur préhension, comme les hochets et les grelots ;
– chanter en animant des marionnettes ;
– faire écouter divers CD musicaux, à certains moments de la journée.

En section de moyens

En règle générale, entre 1 et 2 ans, les enfants aiment explorer les sons, en tapant un peu partout : sur les tables, les meubles, etc. Le tambour est un instrument propice, qui peut les aider à canaliser leur énergie et leur besoin de « faire du bruit ». Il peut être intéressant de l'introduire, lors d'un atelier musical, de façon libre ou plus dirigée.

Voici une proposition de déroulement d'un atelier d'éveil musical, pour un groupe de cinq à huit enfants :

- proposer aux enfants de s'asseoir face à soi, tout en leur permettant de se lever, s'ils le souhaitent, car il est difficile, pour eux, à cet âge, de rester en position statique et de se concentrer pendant plusieurs minutes ;
- commencer l'atelier par une chanson rituelle ;
- nommer le nom des instruments ;
- chanter diverses chansons avec ou sans l'appui de CD ;
- se lever et danser avec les enfants. Ceux qui ne marchent pas encore s'amusent de voir les autres danser. Il faut, bien entendu, s'adapter au groupe d'enfants et à leurs réactions ;
- finir par la chanson rituelle ;
- ranger les instruments avec les enfants ;
- proposer un temps de relaxation : musique douce, bruit de la nature, retour au calme.

En section de grands

Entre 2 et 3 ans, l'enfant apprécie particulièrement les jeux d'imitation. Il fredonne des chansons. Il a une capacité plus importante à rester concentré. Sa motricité globale a progressé.

Pour animer un atelier d'éveil musical avec des enfants de la section des grands, vous pouvez suivre les idées de mise en place pour la section des moyens, en ajoutant :

- des jeux d'imitation, lors du moment de danse : imitation des animaux (ouverture des bras pour l'oiseau, imiter les pas lourds de l'éléphant et faire la trompe avec le bras, etc.) ;
- des jeux de rythmes et d'intensités : on tape sur le tambour ou dans les mains plus ou moins fort, plus ou moins rapidement, on danse plus ou moins vite, etc.
- des moments d'écoute des uns et des autres : proposer à un enfant de chanter et aux autres de l'écouter, par exemple.

En ce qui concerne le moment de relaxation, celui-ci peut se faire en position allongée.

Quelques conseils

N'ayons pas peur de laisser notre créativité et notre imagination guider notre atelier d'éveil musical. Car plus nous y prenons du plaisir, mieux nous communiquons le plaisir de la musique aux enfants.

Mieux vaut éviter de faire tourner en boucle, tout au long de la journée, un CD de musique ; au bout d'un moment, les enfants n'y prêtent plus attention et la musique devient, alors, juste un bruit de fond qui vient s'ajouter à l'ambiance sonore.

La création d'un livret de chansons peut se révéler utile pour introduire de la variété.

Quelques références de livres

Grosleziat, C., (2010) *Les bébés chasseurs de sons ;* (2016) *Les bébés et la musique.* (2010) *Abécédaire musical ;* Ben Soussan, P., (2014) (Dir.) *1,2 ,3 comptine !* Toulouse : Érès, coll. « 1001 BB ».

Le jeu libre

Le droit de jouer est inscrit dans l'article 31 de la Convention internationale des droits de l'enfant de l'Unicef[187] :

« *1- Les États parties reconnaissent à l'enfant le droit au repos et aux loisirs, de se livrer au jeu et à des activités récréatives propres à son âge, et de participer librement à la vie culturelle et artistique ;*

2- Les États parties respectent et favorisent le droit de l'enfant de participer pleinement à la vie culturelle et artistique, et encouragent l'organisation à son intention de moyens appropriés de loisirs et d'activités récréatives, artistiques et culturelles, dans des conditions d'égalité. »

La place du jeu dans le développement de l'enfant

Il est difficile de parler du jeu libre sans évoquer l'importance du jeu, en général, chez l'enfant. Le jeu est universel, il se pratique dans tous les pays du monde. Il fait partie intégrante du monde qui entoure l'enfant, et contribue à sa construction identitaire et sociale.

187. www.humanium.org

Les différentes périodes de jeux

Selon Jean Piaget, trois périodes se succèdent, dans le développement du jeu, chez l'enfant :

– de 0 à 24 mois : c'est la période sensori-motrice. L'enfant ne joue qu'en présence de l'objet ;

– à partir de 2 ans : c'est la période représentative. L'enfant sait faire semblant, il a accès au symbolisme et à la permanence de l'objet ;

– de 4 à 11 ans : c'est la période sociale. Il est capable de participer à des jeux à règles.

Pour quelles raisons l'enfant joue-t-il ?

Selon Donald Woods Winnicott, l'enfant joue :

– par plaisir ;

– pour exprimer de l'agressivité, en manipulant des marionnettes, comme le loup ou le lion, par exemple ;

– pour maîtriser son angoisse. Par le jeu du « coucou/caché », par exemple, l'enfant va revivre l'angoisse de séparation d'avec sa mère et, ainsi, avoir un certain contrôle sur ce sentiment ;

– pour accroître son expérience ;

– pour établir des contacts sociaux.

Le psychologue Jean Piaget distingue trois catégories de jeu :

– le jeu d'exercice ou sensoriel, qui fait référence à la motricité ;

– le jeu symbolique, qui consiste à faire semblant ;

– les jeux à règles.

Que signifie le terme « jeu libre » ?

Selon le sociologue George-Herbert Mead[188], le jeu libre, c'est « faire semblant ». Il correspond à ce que l'on appelle « le jeu symbolique ».

Selon Gilles Brougère, professeur en sciences de l'éducation à l'université Paris XIII, « *le jeu libre suppose une intervention indirecte [...] il s'agit d'observer et de modifier l'environnement en apportant des références aux enfants afin qu'ils mettent en scène des situations plus riches et qu'ils aillent plus loin, tout en s'appuyant sur leurs initiatives, [...] Il faut lui donner la possibilité de progresser dans son jeu, sans le diriger*[189] ».

Selon Gilles Brougère, il s'agit, donc, pour les professionnels, de créer un environnement adéquat, permettant aux

---

188. Mead, J.-H., (1963/2006) *L'esprit, le soi et la société*. Paris : Puf.

189. Brougère, G., (1991) Libres jeux. *Éducation enfantine, 7* : 10-12.

enfants de pouvoir jouer librement, sans l'intervention des adultes. Il peut s'agir de briques de construction Lego® déposées sur un tapis, d'un coin symbolique aménagé, comme le coin cuisine, etc. Par le jeu libre, l'enfant peut très bien détourner un objet de son utilité première : il décidera, par exemple, de ne pas emboîter les briques Lego® mais de les « faire cuire » dans une poêle du coin dînette, comme des aliments.

Qu'apporte le jeu libre à l'enfant ?

Les bénéfices du jeu libre sont multiples :

– il développe l'imagination de l'enfant, notamment par le biais des jeux symboliques. Selon la « Recherche-action sur la Famille et la Petite Enfance » de l'Unesco[190], « *par le biais de l'imitation, l'enfant s'efforce de comprendre l'adulte en tant que personne, à travers ses occupations. Par la magie des panoplies et des rôles, il vit d'une manière intense et symbolique son assimilation à l'image de l'adulte, découvre ses possibilités multiples et facilite ses rapports avec la société dans laquelle il devra s'insérer.*[191] » ;

190. *Manuel sur le jeu entre la naissance et 7 ans*, publié en octobre 2000, à l'attention des ludothécaires, et consultable sur la page internet suivante : http://www.unesdoc.unesco.org

191. Grellet, C., (2000) *Le jeu entre la naissance et 7 ans : un manuel pour les ludothécaires.* Unesco, p. 7 : http://unesdoc.unesco.org/images/0012/001213/121323fo.pdf

– il favorise la construction de soi, en laissant l'enfant acteur de ses choix ;

– il encourage les interactions sociales, puisque l'enfant joue avec et près des autres ;

– il répond au besoin spontané de manipulation de l'enfant.

Échange avec Sophie Lavaux[192]*, EJE*

Nous : « ***En quoi le jeu libre est-il important ?*** »

Sophie Lavaux : « *Tout d'abord, le jeu n'est pas une activité banale pour l'enfant. Jouer est incontournable, pour lui, pour découvrir le monde extérieur et ainsi lui permettre d'être acteur.*

Le jeu libre permet à l'enfant de nombreux apprentissages. Il choisit ses propres jeux et fait de multiples expériences, en fonction de ses envies et de ses compétences. Lors du jeu libre, l'enfant fixe ses règles, donne le sens qu'il souhaite à l'objet et laisse parler son imagination. Le jeu libre a une grande importance, tant au niveau moteur (monter sur une boîte, pousser des chariots, jeter un ballon...) qu'au niveau psychique (faire des jeux d'encastrement, jouer avec l'autre, jouer à la dînette...) ».

192. Témoignage recueilli en crèche collective.

Nous : « ***Quels sont, en structure petite enfance, les aménagements de l'espace favorisant le jeu libre ?*** »

S.L. : « *Pour favoriser le jeu libre en structure petite enfance, il est important de proposer différents espaces dans les salles : un espace "cocooning", un espace moteur, un espace de jeux symboliques, de jeux d'encastrements... Ces différents espaces doivent être facilement identifiables et, de préférence, installés à la même place, afin de favoriser la prise de repères de l'enfant. Mettre en place un système de photos des jeux, sur les meubles ou sur les boîtes de rangement, est aussi un bon moyen pour que l'enfant repère la disposition et s'approprie plus facilement le jouet.*

Les jeux doivent être installés à hauteur d'enfants pour qu'ils puissent y avoir accès par eux-mêmes, sans avoir nécessairement besoin de l'adulte.

L'aménagement de l'espace peut être évolutif, en fonction des besoins et du développement de l'enfant ».

Nous : « ***Quel positionnement avoir, en tant que professionnel, lors des temps de jeu libre ?*** »

S.L. : « *Le rôle du professionnel, lors des temps de jeu libre, est selon moi un rôle d'observateur pouvant malgré tout être amené à intervenir pour réguler les relations conflictuelles ou les situations dangereuses. Le professionnel doit porter sur l'enfant un regard bienveillant, afin de le sécuriser et le soutenir dans la découverte de ses capacités. Ce regard peut également soutenir les interactions entre les enfants et leur permettre de prolonger leurs jeux ainsi que leurs expériences.*

Le but du jeu libre étant de "laisser faire" l'enfant, il est nécessaire de ne pas intervenir trop tôt, lorsque l'enfant rencontre une difficulté. Il pourra, ainsi, ressentir la joie de l'accomplissement.

Il est cependant important de rester proche et disponible, au cas où l'enfant souhaiterait entrer en relation avec l'adulte ou le questionner ».

Remerciements

Béatrice remercie ses parents, Sophie M. et sa fille Melissa D. pour leur soutient. Elle remercie également son amie Isabelle Cottenceau pour son aide et son amitié ainsi que toutes les personnes qui ont apporté leur témoignage.

Marine tient à remercier tous ses proches, amis et famille pour le regard bienveillant qu'ils portent sur elle, sur sa passion, son métier depuis le début. Son mari, pour avoir accepté que sa passion prenne un peu (trop) de place dans leur vie. Et ses parents pour lui avoir donnés des racines et des ailes, pour avoir fait d'elle ce qu'elle est.

Grace tient à remercier vivement Durand Nathalie (sa formatrice), Anne Sylvie (son maître d'apprentissage), Hrycink Emmanuelle (sa directrice en or), mais également toutes ses collègues qui l'ont entourée et enfin Doisy Bastien qui l'a poussée à en arriver là aujourd'hui.

Coralie profite de ce livre pour remercier toutes les personnes (famille, ami[e]s, collègues, formateurs et bien d'autres encore) qui ont su l'accompagner et la soutenir dans les différentes étapes de sa vie. Merci de l'avoir fait devenir la personne qu'elle est aujourd'hui.

Et nous ne pouvons évidemment pas oublier tous les participants de notre page Facebook® sans qui ce livre n'aurait jamais vu le jour, merci à vous de nous avoir fait confiance et de nous avoir aidé à faire grandir cette page !

Index

A

B

C

D

E

H

I

J

O

P

R

S

Table des matières

LA PÉDAGOGIE

LE CADRE

LA PRATIQUE

Composition et mise en page :
Olivier Teneul
Achevé d'imprimer par
Pulsio Print
1592 Sofia (Bulgarie)

Dépôt légal : juin 2017